まちごとチャイナ

Fujian 007 Xiamen (Amoy)

厦門

ヤシの木揺れる

「海上の

Asia City Guide Production

【白地図】厦門と華南

CHINA
福建省

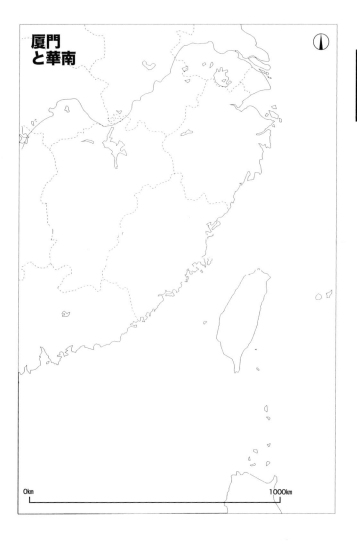

CHINA
福建省

【白地図】厦門

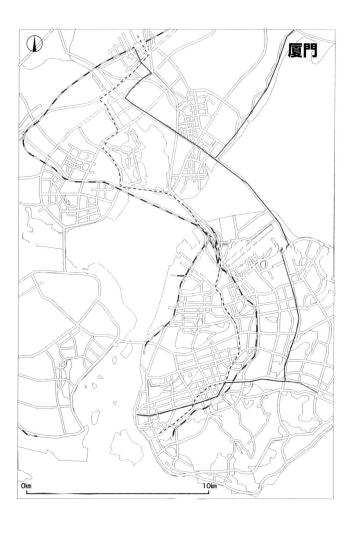

【白地図】厦門中心部

CHINA
福建省

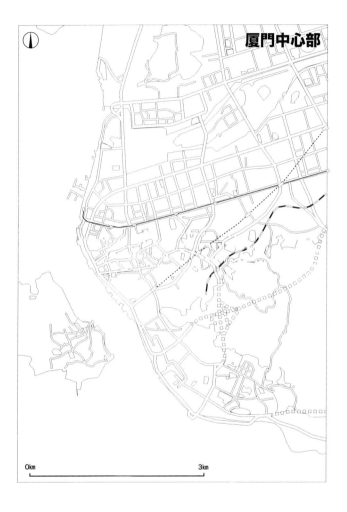

【白地図】鼓浪嶼

CHINA
福建省

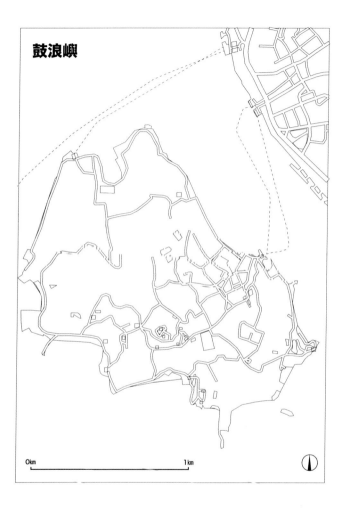

【白地図】鼓浪嶼中心部

CHINA
福建省

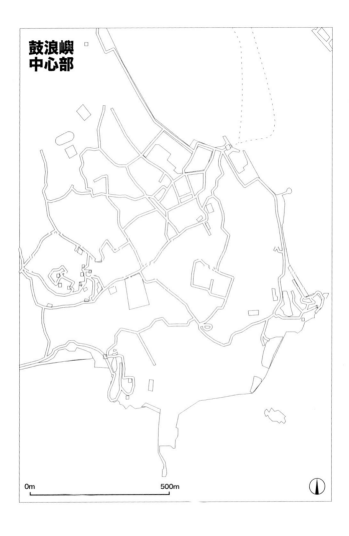

【白地図】鼓浪嶼碼頭〜鄭成功像

CHINA
福建省

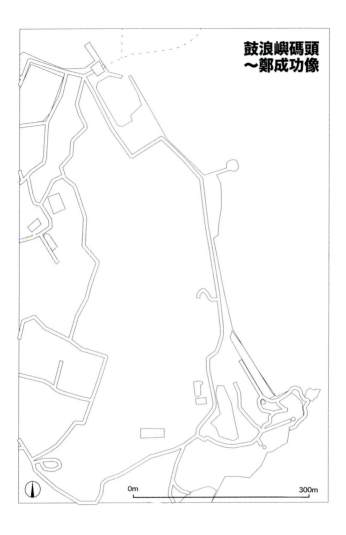

【白地図】日光岩

CHINA
福建省

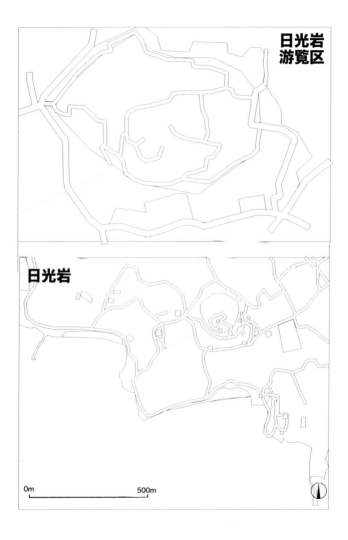

【白地図】厦門市街

CHINA
福建省

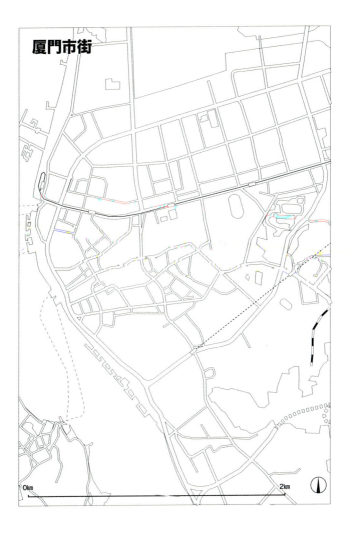

【白地図】中山路

CHINA
福建省

中山路

Xia Men 白地図

【白地図】市街東部

CHINA
福建省

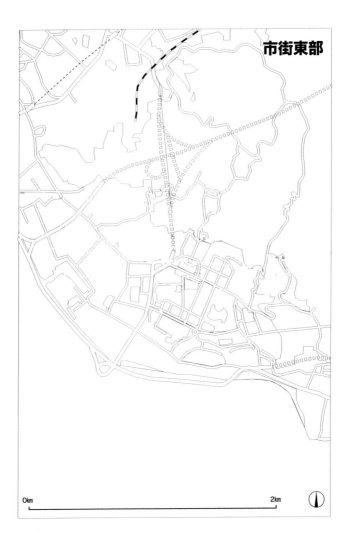

【白地図】厦門大学

CHINA
福建省

【白地図】植物園

CHINA
福建省

植物園

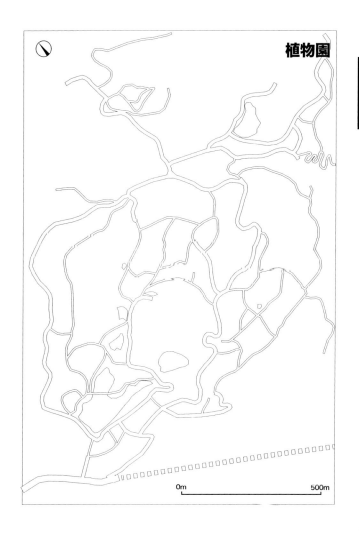

0m 500m

【白地図】市街北部

CHINA
福建省

市街北部

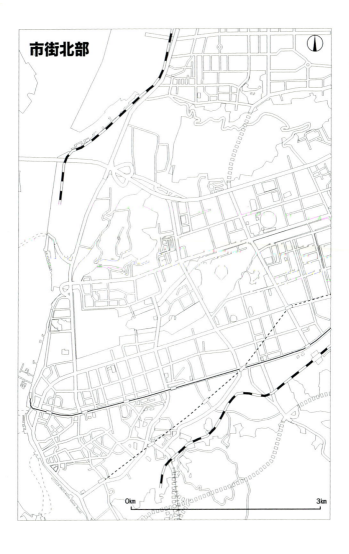

Xia Men | 白地図

【白地図】新市街

CHINA
福建省

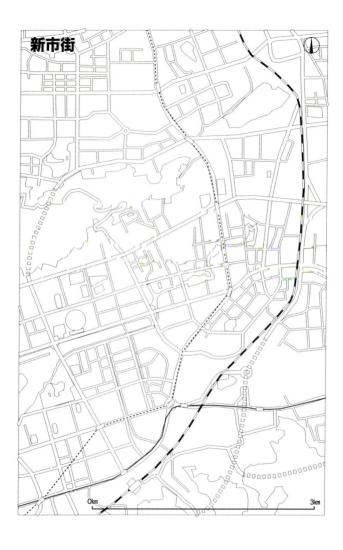

新市街

Xia Men 白地図

【白地図】集美学村

CHINA
福建省

集美学村

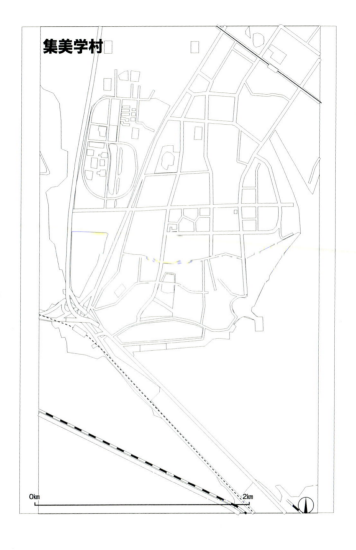

Xia Men 白地図

【白地図】厦門島東部

CHINA
福建省

厦門島東部

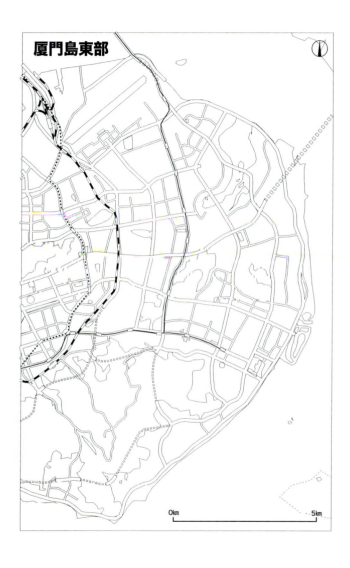

Xia Men　白地図

【白地図】厦門郊外

CHINA
福建省

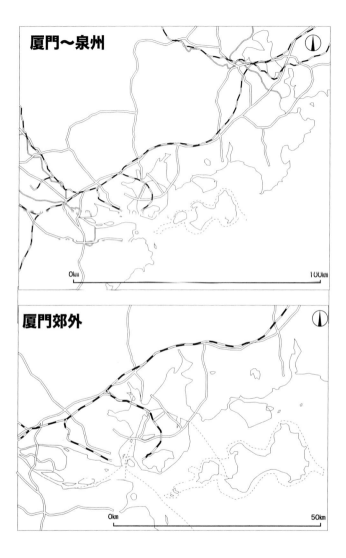

【まちごとチャイナ】
001 はじめての福建省
002 はじめての福州
003 福州旧城
004 福州郊外と開発区
005 武夷山
006 泉州
007 廈門
008 客家土楼

CHINA
福建省

海峡をはさんで台湾と向き合うように位置し、その美しさから「海上の花園」と呼ばれる廈門(アモイ)。福建省の省都福州が政治の都であるのに対して、廈門は開放的な雰囲気に包まれた経済、文化の中心地となっている。

廈門の歴史は、明代の 1394 年、倭寇・海賊対策の城塞が築かれたことにはじまり、明末清初に活躍した『国性爺合戦』の鄭成功(1624 ～ 62 年)は廈門に拠点をおいた。清代にはそれまでこの地方の中心だった泉州や漳州に替わって、福建省最大の港湾都市へと成長をとげ、アヘン戦争(1840 ～ 42 年)

厦門（アモイ） Xia Men (Amoy)
厦门 xia men シャメン

以後、開港して鼓浪嶼（コロンス島）に西欧の商館や洋館がならんだ。

　明清（14〜20世紀）時代、この港から多くの閩南人（華僑）が旅立ったこともあって、厦門は中国と台湾や東南アジアを結ぶ結節点となり、20世紀後半に改革開放がはじまると、厦門ゆかりの華僑、華人からの投資を呼びこむ狙いで開発区がおかれた。高層ビルやリゾートホテル、白い南国の砂浜、洋館の見られる鼓浪嶼などから、厦門は観光都市として中国屈指の人気を誇る。

【まちごとチャイナ】

福建省 007 厦門

目次

厦門 …………………………………………………… xxxvi

海上明珠美しき厦門へ ………………………………… xlii

鼓浪嶼城市案内 ……………………………………… lvii

日光岩鑑賞案内 …………………………………… lxxxi

そして美都が生まれた ……………………………… xci

中山路城市案内 …………………………………… xcviii

市街東部城市案内 ………………………………… cxxvii

植物園鑑賞案内 …………………………………… cxlvii

市街北部城市案内 …………………………………… cliv

集美学村城市案内 ………………………………… clxvii

厦門郊外城市案内 ………………………………… clxxv

城市のうつりかわり ………………………………… cxci

【MEMO】

【MEMO】

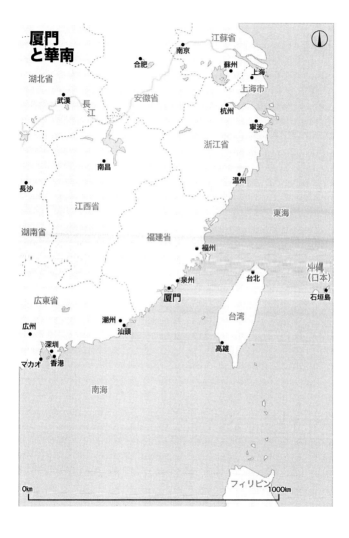

海上明珠
美しき
廈門へ

CHINA
福建省

潮風に揺れるヤシの木
鼓浪嶼と廈門島を行き交うフェリー
南国の楽園アモイ

憧憬の地、廈門

「城在海上、海在城中（海のうえに街があり、街のなかに海がある）」という言葉は、廈門島や鼓浪嶼を中心に、そのあいだを流れる鷺江、また白い砂浜、亜熱帯性の植物におおわれた丘陵といった、変化に富んだ地形をもつ街の廈門をさしていう。廈門の緯度は沖縄の石垣島にひとしく、柚木、肉桂など4000を超す植生が見られ、年中温暖な気候が続く（4～6月は雨期で、7～10月には台風の影響を強く受ける）。閩南文化、華僑文化、西洋文化、南洋文化など多様な文化が街を彩り、美しい街並み、優れた住環境、海産物を中心とす

る食文化、生活水準の高さで、中国でも人気が高い街となっている。

厦門（アモイ）の由来

「厦門」という名称は、明代の1394年に築かれた城塞の門からとられたという。この厦門旧城は水軍の駐屯地であったため、南洋の倭寇・海賊から中国を守る「大厦之門」（大きな家の門）」と呼ばれるようになった。北京語では「厦門」と書いて「シャアメン」と発音するが、地元の閩南語では「エムン」と呼び、この音が広がって、日本では「アモイ（厦門）」

CHINA
福建省

と呼びならわされている(香港を北京語の「シャンガン」ではなく「ホンコン」、汕頭を「シャントウ」ではなく「スワトウ」と呼ぶように、現地音を使うことは日本とゆかりのあることの証左でもある)。また歴史的に、厦門には大きな行政府はおかれたことがなく、はっきりとした古い時代の資料も残っておらず、「この地にあった村名をとって厦門となった」「厦門(シャアメン)と同じ音の、九龍江の下門(シャアメン)が由来となった」という説もある。

▲左　厦門でもっともにぎわうのが中山路一帯。　▲右　鼓浪嶼（コロンス島）と厦門島を往来するフェリー

「中・台」両岸の焦点へ

台湾海峡をはさんで厦門の対岸200km、ちょうど福建省と並行するように位置する台湾。明清時代、厦門や泉州、漳州から多くの閩南人が台湾に移住したことから、台湾人の70％が閩南に祖籍をもつともいう。厦門島、金門島、澎湖群島、台湾へと続く海上の道は、明清交替期の鄭成功（1624～62年）が通った道であり、国共内戦（～1949年）で敗れた国民党が通った道でもあった（両者はいずれも台湾から中国大陸回帰をのぞんだことでも共通している）。厦門島から目視でき、わずか7km先に浮かぶ金門島は台湾が実効支配しており、20

CHINA
福建省

世紀には両者のあいだで砲撃戦が繰り広げられることもあった。こうしたなか、厦門と台湾の「小三通（通航、通信、通商）」を認める関係へと前進し、現在では多くの台湾人が厦門を訪れ、厦門では台湾で使用されている「繁体字」が多く見られる。共通の言語（閩南語）、習俗や文化、また血縁、地縁で結ばれた厦門と台湾はきわめて強い関係をもつ。

▲左 鼓浪嶼には租界時代の洋館が立ちならぶ。　▲右　南国の島廈門は、中国のハワイにもたとえられる

廈門の構成

廈門は、中国大陸と橋で結ばれた周囲45kmほどの「廈門島」と、その南西沖に浮かぶ周囲5kmの小さな島の「鼓浪嶼（および島嶼）」、「中国大陸側の廈門」からなる。明代に築かれた廈門旧城は廈門島南西側の丘陵にあり、そのさらに南西外側に港町が築かれた。一方、近代以降、鼓浪嶼に西欧諸国の租界がおかれて、美しい街並みが見られるようになった。20世紀初頭以前、「廈門島は一見荒涼たる島、鼓浪嶼の方は緑色の木につつまれ」「廈門は地獄、鼓浪嶼は天国」などと言われた。1920年代の都市改革で、廈門旧城の城壁がとり払

CHINA
福建省

われ、中山路が整備されるなど、美しい街へと生まれ変わった。やがて厦門市街の北側の埋め立ても進んで繁華街（湖濱南路）、官庁街（湖濱北路）が整備され、1956年には市街北東側で厦門駅も開業した。20世紀末以後、厦門市街が手ぜまになったこともあり、厦門市街の北東側（厦門島中心部）に新市街、厦門島から離れた中国大陸側に高鉄の厦門北駅がつくられた。

【MEMO】

海上明珠美しき厦門へ Xia Men

【地図】厦門

【地図】厦門の [★★★]
- ☐ 鼓浪嶼 鼓浪屿 グウラァンユウ
- ☐ 鄭成功像 郑成功像 ヂェンチェンゴォンシィアン
- ☐ 中山路 中山路 チョンシャンルウ

【地図】厦門の [★★☆]
- ☐ 厦門島 厦门岛 シャアメンダオ
- ☐ 南普陀寺 南普陀寺 ナァンプウトゥオスウ
- ☐ 集美学村 集美学村 ジイメェイシュエチュン

【地図】厦門の [★☆☆]
- ☐ 海上明珠観光塔 海上明珠观光塔 ハァイシャンミィンチュウグゥアングァンタア
- ☐ 厦門駅 厦门站 シャアメンヂァン
- ☐ 厦門北駅 厦门北站 シャアメンベイヂァン
- ☐ 台湾民俗村 台湾民俗村 タァイワァンミィンスウチュン
- ☐ 五縁湾湿地公園 五缘湾湿地公园 ウウユュエンワァンシイディイゴンユュエン

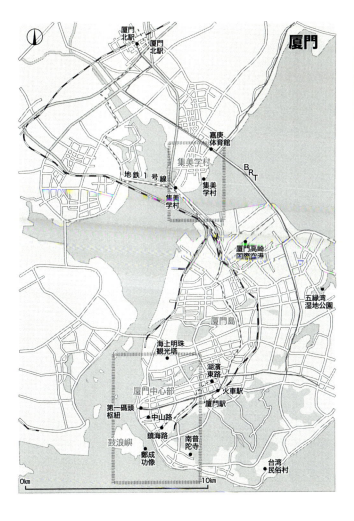

【地図】厦門中心部

【地図】厦門中心部の [★★★]
- ☐ 鼓浪嶼 鼓浪屿 グウラァンユウ
- ☐ 鄭成功像 郑成功像 ヂェンチェンゴォンシィアン
- ☐ 日光岩 日光岩 リイグゥアンユェン
- ☐ 中山路 中山路 チョンシャンルウ

【地図】厦門中心部の [★★☆]
- ☐ 華僑博物院 华侨博物院 ホゥアチィアオボオウウユュエン
- ☐ 厦門大学 厦门大学 シャアメンダアシュエ
- ☐ 南普陀寺 南普陀寺 ナァンプウトゥオスウ
- ☐ 胡里山砲台 胡里山炮台 フウリイシャンパァオタァイ
- ☐ 白城沙灘 白城沙滩 バァイチャンシャアタァン

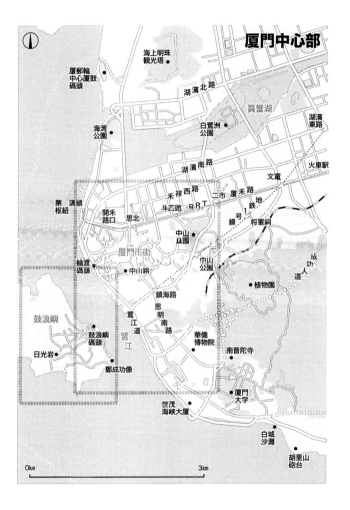

【地図】厦門中心部の [★☆☆]

- ☐ 思明南路 思明南路スウミィンナンルウ
- ☐ 鷺江 鷺江ルウジィアン
- ☐ 中山公園 中山公园チョンシャンゴォンユゥエン
- ☐ 世茂海峡大厦 世茂海峡大厦シイマオハァイシィアダアシャア
- ☐ 厦門園林植物園 厦门市园林植物园
  シャアメンシイユゥアンリィンチイウウユゥエン
- ☐ 禾祥西路 禾祥西路ハアシィアンシイルウ
- ☐ 白鷺洲公園 白鹭洲公园バァイルウチョウゴォンユゥエン
- ☐ 海湾公園 海湾公园ハァイワァンゴォンユゥエン
- ☐ 海上明珠観光塔 海上明珠观光塔
  ハァイシャンミィンチュウグゥアングァンタア
- ☐ 湖濱北路 湖滨北路フウビィンベイルウ

【MEMO】

Xia Men 海上明珠美しき厦門へ

【MEMO】

CHINA
福建省

Guide,
Gu Lang Yu
鼓浪嶼
城市案内

厦門島から鷺江をはさんで700m先
鼓浪嶼は周囲5kmの小さな島
ここに欧風建築や日光岩などの見どころが集まる

鼓浪嶼 鼓浪屿 gǔ làng yǔ グウラァンユウ ［★★★］

亜熱帯の緑、石づくりの洋館、島そのものが美しい景観をもつ鼓浪嶼（コロンス島）。宋元代は、「圓沙洲」「圓洲仔」と呼ばれていたが、島の南西部にあるふたつの岩のあいだに長年の浸食による穴が空いていて、満潮時に波があたると太鼓のように響くことから、明代から鼓浪嶼と呼ばれるようになった。反清復明をかかげた鄭成功（1624～62年）が拠点とし、1842年、アヘン戦争後の南京条約で厦門が開港地となると、鼓浪嶼に西欧の共同租界がおかれた。鼓浪嶼に進出した西欧13か国はそれぞれの国の様式で領事館、商社、学

CHINA
福建省

校を建て、また 1930 年代には海外で成功した華僑によって 1000 軒を超す別荘が構えられた。こうしたところから「海上明珠」や「海上の花園」と呼ばれる街並みが形成され、曲がりくねった細い路地が続く鼓浪嶼を訪れた佐藤春夫は「迷宮のような道」と記している(美しい鼓浪嶼は天国、不潔な厦門島は地獄、としばしば対比された)。1989 年に完成した鼓浪嶼環島路が、この島の周囲をぐるりと走る。

▲right 奥に八卦楼、手前に金瓜楼が見える鼓浪嶼のたたずまい。 ▲鷺江をはさんで厦門島側から見た鼓浪嶼

美しき租界

租界とは中国にあって、中国の主権がおよばない西欧諸国や日本の半植民地（外国人居留地）だった区域のことで、近代欧風建築のならぶ上海外灘のものが知られる。厦門は、1516年に東南アジア方面からのポルトガル人、1675年、フィリピンからのスペイン人が訪れるなど、古くから福建茶の積出港として、注目されていた（当時、イギリスなどの商館もあったが、やがて広州一港にまとめられた）。こうしたなか、アヘン戦争（1840～42年）以後の1861年にイギリスが、1896年に日本が進出し、鼓浪嶼はイギリス、日本、ド

【地図】鼓浪嶼

【地図】鼓浪嶼の ［★★★］
- ☐ 鼓浪嶼 鼓浪屿 グウラァンユウ
- ☐ 鄭成功像 郑成功像 ヂェンチェンゴォンシィアン
- ☐ 日光岩 日光岩 リイグゥアンユェン
- ☐ 中山路 中山路 チョンシャンルウ

【地図】鼓浪嶼の ［★★☆］
- ☐ 龍頭路 龙头路 ロォントウルウ
- ☐ 皓月園 皓月园 ハオユエユゥエン
- ☐ 厦門島 厦门岛 シャアメンダオ

【地図】鼓浪嶼の ［★☆☆］
- ☐ 旧イギリス領事館 英国领事馆旧址 イングゥオリィンシイグゥアンジィウチイ
- ☐ 八卦楼 八卦楼 バアグゥアロウ
- ☐ 金瓜楼 金瓜楼 ジィングゥアロウ
- ☐ 菽荘花園 菽庄花园 シュウチュゥアンフゥアユュエン
- ☐ ピアノ博物館 钢琴博物馆 ガァンチンボオウグゥアン
- ☐ 鼓浪嶼海岸 鼓浪屿沙滩 グウラァンユウシャアタァン
- ☐ 輪渡碼頭 轮渡码头 ルゥンドゥマアトォウ
- ☐ 鷺江 鹭江 ルウジィアン

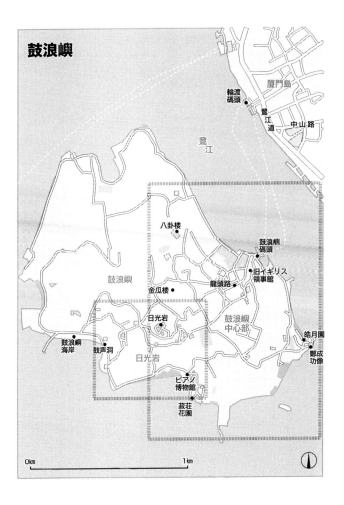

【地図】鼓浪嶼中心部

【地図】鼓浪嶼中心部の [★★★]
- ☐ 鼓浪嶼 鼓浪屿 グウラァンユウ
- ☐ 鄭成功像 郑成功像 ヂェンチェンゴォンシィアン
- ☐ 日光岩 日光岩 リイグゥアンユェン

【地図】鼓浪嶼中心部の [★★☆]
- ☐ 龍頭路 龙头路 ロォントウルウ
- ☐ 皓月園 皓月园 ハオユエユゥエン
- ☐ 廈門島 厦门岛 シャアメンダオ

【地図】鼓浪嶼中心部の [★☆☆]
- ☐ 旧イギリス領事館 英国领事馆旧址 イングゥオリィンシイグゥアンジィウチイ
- ☐ 旧日本領事館 日本领事馆旧址 リイベンリンシイグゥアンジィウチイ
- ☐ 天主堂 天主堂 ティエンチュウタァン
- ☐ 海天堂構 海天堂构 ハイティエンタァンゴォウ
- ☐ 八卦楼 八卦楼 バアグゥアロウ
- ☐ 金瓜楼 金瓜楼 ジィングゥアロウ
- ☐ 菽荘花園 菽庄花园 シュウチュゥアンフゥアユゥエン
- ☐ ピアノ博物館 钢琴博物馆 ガァンチンボオウグゥアン
- ☐ 鷺江 鹭江 ルウジィアン

鼓浪嶼中心部

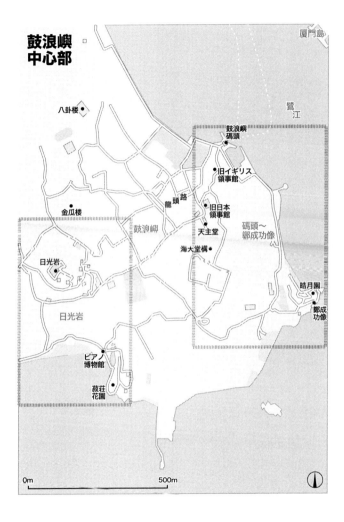

Xia Men | 鼓浪嶼城市案内

福建省

イツ、スペイン、ポルトガル、オランダらの共同租界がおかれた。またイギリスと日本は対岸の厦門島にもそれぞれの租界をもっていて、銀行や商社が波止場で見られた。

龍頭路 龙头路 lóng tóu lù ロォントウルウ ［★★☆］
厦門島と鼓浪嶼を結ぶ埠頭から、島の中心部に立つ日光岩（龍頭山）へ向かって伸びる龍頭路。鼓浪嶼のメインストリートで、通りの両脇には小吃店や土産物店といった店舗がずらりとならぶ。文革（1966～76年）の際、紅星路へ変更されたのち、1979年、再び龍頭路となった。

▲左 夜遅くまでにぎわうメインストリートの龍頭路とその界隈。　▲右 1930年代には競うように別荘が建てられた

旧イギリス領事館 英国領事馆旧址 yīng guó lǐng shì guǎn jiù zhǐ イングゥオリィンシイグゥアンジィウチイ ［★☆☆］

鼓浪嶼埠頭そばの小高い丘に立つ旧イギリス領事館。アヘン戦争後（1840〜42年）の開港を受けて、イギリスが厦門に進出し、本国から領事が派遣された。この建物は、1876年ごろ建てられ、赤レンガ様式で、印象的な窓枠のアーチが見える。時代はさかのぼって、イギリス（東インド会社）は、海禁の解除された1697年に厦門を訪れ、お茶や絹織物の買いつけを行なった経緯があり、厦門の人がお茶を福建語で「tay（Tea）」と呼んだことから、イギリスでは「チャ（茶）」

ではなく、「ティー」の名称が定着した。

旧日本領事館 日本领事馆旧址 rì běn lǐng shì guǎn jiù zhǐ
リイベンリンシイグゥアンジィウチイ ［★☆☆］

鹿礁路 26 号に残る在厦門の旧日本領事館。レンガづくり、2階建ての欧風建築で、1897 年に建てられた。当時の日本は台湾を植民地化し、その対岸の厦門を中国大陸進出の足がかりにしようと考えていた。戦前、日本領事館はこちらの鼓浪嶼にあったが、日本の商社、銀行は厦門島側の日本租界にあった。

天主堂 天主堂 tiān zhǔ táng ティエンチュウタァン [★☆☆]

1917年に建てられ、西欧ゴシック様式をもつキリスト教の天主堂。スペイン人による設計で、白亜のたたずまい、尖塔には十字架を載せる。厦門のキリスト教布教では1654年のマテオ・リッチによるものが知られ、1842年の南京条約以後、本格化した。アメリカ帰正教会やイギリス三一教会など各派が布教に訪れ、天主堂の向かいには鼓浪嶼で一番早く建てられた協和礼拝堂が立つ。

福建省

海天堂構 海天堂构
hǎi tiān táng gòu ハイティエンタァンゴォウ ［★☆☆］
伝統的な中国建築と西欧建築を折衷した様式をもつ海天堂構。1920年代に建てられ、フィリピン華僑の黄秀烺の別荘だった。向かいには、石づくりの欧風建築の黄栄遠堂が立つ。

八卦楼 八卦楼 **bā guà lóu** バアグゥアロウ ［★☆☆］
鼓浪嶼のなかでも一際目立ち、厦門の洋館の代表格とされる八卦楼。ホワイトハウスを模したと言われ、印象的な赤色のドームをもつことから、「八卦楼」という名前がつけられた。

▲左 清朝時代の衣装を身にまとった人形。 ▲右 迷路のような鼓浪嶼の街歩きはとても楽しい

1907年の建立で、当時、海外で成功した華僑がこぞって厦門鼓浪嶼に別荘を建て、この八卦楼は林鶴寿のものだった（林鶴寿は、寂荘花園の林爾嘉と同族）。かつてここに厦門市博物館がおかれていた。

金瓜楼 金瓜楼 jīn guā lóu ジィングゥアロウ ［★☆☆］

「金瓜（かぼちゃ）」を思わせるふたつのドームから名前がとられた金瓜楼。フィリピン華僑の黄賜敏によって、1922年に建てられ、黄賜敏別墅の名でも知られる。

【地図】鼓浪嶼碼頭〜鄭成功像

【地図】鼓浪嶼碼頭〜鄭成功像の [★★★]
- ☐ 鼓浪嶼 鼓浪屿グウラァンユウ
- ☐ 鄭成功像 郑成功像ヂェンチェンゴォンシィアン

【地図】鼓浪嶼碼頭〜鄭成功像の [★★☆]
- ☐ 龍頭路 龙头路ロォントウルウ
- ☐ 皓月園 皓月园ハオユエユゥエン

【地図】鼓浪嶼碼頭〜鄭成功像の [★☆☆]
- ☐ 旧イギリス領事館 英国领事馆旧址
  イングゥオリィンシイグゥアンジィウチイ
- ☐ 旧日本領事館 日本领事馆旧址
  リイベンリンシイグゥアンジィウチイ
- ☐ 天主堂 天主堂ティエンチュウタァン
- ☐ 海天堂構 海天堂构ハイティエンタァンゴォウ
- ☐ 鷺江 鹭江ルウジィアン

CHINA
福建省

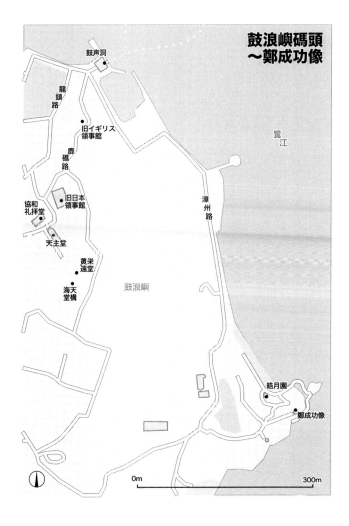

福建省

皓月園 皓月园 hào yuè yuán ハオユエユゥエン ［★★☆］

鼓浪嶼の南東部、鷺江をはさんで厦門島と向かいあうように位置する皓月園。青屋根瓦の楼閣や亭など、中国式園林が広がり、砂浜に岩が点在する。この皓月園の南東端には、台湾を睥睨するように、巨大な鄭成功像が立ち、鼓浪嶼のシンボルになっている。皓月園という名前は鄭成功について記した『延平二王集』の一節からとられた。

鄭成功像 郑成功像 zhèng chéng gōng xiàng
ヂェンチェンゴォンシィアン ［★★★］

鼓浪嶼の南東端にそびえ、対岸の厦門島からも目視できる鄭成功像。鄭成功（1624〜62年）は、福建人鄭芝龍を父に、日本人マツを母に、平戸に生まれ、幼少期を日本で過ごした。父鄭芝龍は日本、中国東南沿岸部、フィリピンをまたにかける船団（海賊）の頭領で、やがて鄭成功はその船団を受け継いだ。ときは明清交替期、鄭成功は「反清復明」をかかげ、1656年、厦門を「思明州」とし、厦門を中心とする海域を自由に往来し、事実上の独立国を建てた（泉州、漳州、潮州

CHINA
福建省

一帯に勢力をもつ海域国家の実質的な首都が厦門にあった）。やがて清朝が勢いを増すなかで、鄭成功は厦門、金門島から台湾へ向かい、台湾をオランダから解放して、こちらに拠点をおいた。鄭成功像は高さ24mの断崖上の岩山に立ち、堂々としたたたずまい（像の高さは15.7m）を見せる。

その後の鄭成功

明を思う「思明州」こと厦門を都に半独立国家を築いた鄭成功（1624〜62年）。清朝の攻勢を前に台湾へと拠点を遷し、大陸回帰のもくろみはかなわないまま台湾でなくなった。鄭

鼓浪嶼城市案内 Xia Men

▲左　島の南岸に位置する鼓浪嶼海岸。　▲石　視線の先には台湾、勇ましい姿の鄭成功像

　成功の意思は、息子の鄭経ら子孫に受け継がれたが、1663年、清朝とオランダの連合軍が厦門、金門島を占領し、1683年、清朝が台湾へ侵攻すると、鄭氏は降伏した。清朝の康熙帝は「成功は明室の遺臣にして、朕の乱臣賊子にあらず」と鄭成功の忠義ぶりをたたえた。また中国共産党から、オランダに占領されていた台湾を解放した英雄と見られ、一方の台湾からは中国本土へ回帰しようとした姿勢（鄭成功は台湾の多くの人が祖籍をもつ閩南人）が評価されるなど、中華人民共和国と台湾の双方から国民的英雄とされている。

CHINA
福建省

菽荘花園 菽庄花园 shū zhuāng huā yuán
シュウチュウアンフゥアユゥエン ［★☆☆］

鼓浪嶼南岸の海を前に、日光岩を背後にしてつくられた江南式庭園の菽荘花園。『紅楼夢』の怡紅院をモチーフに、1913年に造営された。主の林叔蔵はこの地方の有力者の一族で、父の代に漳州から台湾に渡ったが、日本に領有されたため厦門に戻ってきた（園林名の「菽荘」は林「叔蔵」と同じ音）。「蔵海園」「補山園」からなり、自然の地形を利用して庭園のなかに、山と海をとり入れ、奇石が配置されている。とくに海へと続く「四十四橋」の景観が知られる。

ピアノ博物館 钢琴博物馆 gāng qín bó wù guǎn
ガァンチンボオウウグゥアン ［★☆☆］

租界時代、鼓浪嶼に暮らす西欧人によってピアノがもちこまれたことで西欧音楽の文化が育まれた。そのため、鼓浪嶼は「ピアノの島」とも呼ばれ、音楽学校があり、鼓浪嶼の数軒に1軒はピアノをもつという（厦門は殷誠忠など、著名な音楽家を輩出している）。ピアノ（鋼琴）博物館は、鼓浪嶼出身の華僑胡友義によって建てられ、70台あるピアノのなかには19世紀のドイツやオーストリア職人の手による貴重なものもある。

福建省

鼓浪嶼海岸 鼓浪屿沙滩
gǔ làng yǔ shā tān グウラァンユウシャアタァン [★☆☆]

鼓浪嶼の南岸から西岸にかけて続く鼓浪嶼海岸。租界時代に西欧人が憩いとした砂浜で、厦門島へのフェリーが往来する東岸側にくらべて静かなたたずまいを見せる。近くには鼓浪嶼の島名の由来となった「鼓声洞」も位置する。

【MEMO】

Guide,
Ri Guang Yan
日光岩
鑑賞案内

日本の日光に由来する日光岩
それは中国人を父に日本人を母にもつ
鄭成功によって名づけられた

日光岩 日光岩 rì guāng yán リイグゥアンユェン ［★★★］
鼓浪嶼の中央部にそびえる高さ 92.68m の日光岩。鄭成功（1624 〜 62 年）がここから金門島をのぞんだという厦門随一の景勝地と知られる。直径 40m を超す巨大な岩は、「晃岩」と呼ばれていたが、1647 年、鄭成功が日本（自身の母の故郷）の「日光山」よりも素晴らしいものだとして、「晃」の字を上下にわけて「日光」の名がついたという。日光岩からは鼓浪嶼の洋館、また対岸の厦門島にそびえる高層ビルなど、美しい景色が視界に入る。鄭成功の軍隊がおかれていたことにちなむ「寨仔山」、対岸の虎頭山（厦門島）と対峙する「龍

【地図】日光岩

【地図】日光岩の [★★★]
- [ ] 日光岩 日光岩リイグゥアンユェン

【地図】日光岩の [★☆☆]
- [ ] 鄭成功紀念館 郑成功纪念馆 ヂェンチェンゴォンジイニィエングゥアン
- [ ] 菽荘花園 菽庄花园シュウチュゥアンフゥアユゥエン
- [ ] ピアノ博物館 钢琴博物馆 ガァンチンボオウウグゥアン
- [ ] 鼓浪嶼海岸 鼓浪屿沙滩グゥラァンユウシャアタァン

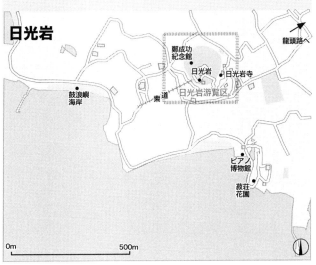

日光岩鑑賞案内

福建省

頭山」とも呼ばれる(龍と虎が海をおさえるという風水的な意味合いがある)。

日光岩の景勝地

日光岩を中心とする全長1800m、幅1000mの一帯に広がる日光岩游覧区。「大門」から日光岩へ向かって進んでいくと、絶壁に天風海涛、鷺江第一の文言が見られる「鼓浪洞天」が位置する。その北側には仏教寺院の「日光岩寺」の伽藍が展開し、日の出のときに朝日が境内にさしこむことから命名された(もともと蓮花庵という尼寺だった)。ここから岩壁に「閩

▲左 日光岩に刻まれた鼓浪洞天の文字。 ▲右 上部から島南岸に位置する菽荘花園が見える

海雄風」が見える。さらに上部へ行くと、刻石の残る「九夏生寒」や「古避暑洞」が位置する。また鄭成功の軍隊が駐留したという「龍頭山塞遺址」はじめ、「中秋博餅群像」「水操台遺址」といった景勝地も残る。西側麓からは、日光岩の頂に向かってケーブルカーが伸びている。

福建省

鄭成功紀念館 郑成功纪念馆
zhèng chéng gōng jì niàn guǎn
ヂェンチェンゴォンジイニィエングゥアン［★☆☆］

日光岩の北麓に立ち、鄭成功（1624～62年）による台湾奪回300年を記念して1962年に建てられた鄭成功紀念館。このあたりは鄭成功が兵を駐屯させていた場所とされ、鄭成功軍は厦門、金門島からオランダの占領する台湾を解放した（清朝が勢力を強める中国大陸から逃れた）。この鄭成功紀念館は、1928年に建てられた別荘の西林別墅が転用されていて、鄭成功の銅像、肖像、礼服、玉帯、筆跡などが展示されている。

【MEMO】

福建省

『国性爺合戦』鄭成功の物語

鄭成功（1624〜62年）は、中国人の父鄭芝龍と、日本人の母田川マツの子として平戸で生まれた。日本人の血をひくこと、日光岩が日本の日光に由来することからも、鄭成功と日本のあいだには深いつながりがある。鄭成功は厦門（思明州）を拠点に「反清復明」をかかげて清朝と戦うにあたって、「日本は大明とは友好関係にあった」「（清と同じ北方民族の）元は日本を二度も攻めている」と言って、日本に援軍の要請をしている（これらの要請は断られたが、鄭成功の軍隊には、多くの日本人がいたという）。この鄭成功の物語は、近松門

Xia Men 日光岩鑑賞案内

▲左　日光岩麓に位置する仏教寺院の日光岩寺。　▲右　圧巻の巨岩をわき目に登っていく

左衛門によって人形浄瑠璃『国性爺合戦』として描かれ、明の「国」姓こと「朱」姓を鄭成功があたえられたことから『国性爺合戦』と名づけられた（国姓が国性に変わっている）。「主君（明）に忠義をつくす儒教的な美徳をもつこと」「母が日本人であったこと」といった要素もあって、鄭成功の物語は大人気を博し、17か月連続して講演され、大阪の8割の人びとが観劇するほどだった。戯曲のなかでは鄭成功は明を再興している。

そして美都が生まれた

厦門は清代に入ってから台頭した港町
北京や西安とはまるで異なる
道を歩んできた

広がる閩南文化

マルコ・ポーロの絶賛した「泉州」、泉州に替わって繁栄した月港を抱える「漳州」、近代以降台頭した「厦門」を「閩南金三角」と呼ぶ。福建省南部の港町は、河川の堆積による港湾環境の変化で興亡し、この地は同一の言語（閩南語）、民俗、習慣をもつ閩南文化の故郷として知られる。明清時代、人口密度が高く、海に面した閩南地方から多くの人が華僑として海を渡り、台湾の本省人の多くが閩南を祖籍とする。またフィリピンやシンガポール、マレーシアなどにも閩南人が暮らし、海外進出先では閩南語を紐帯として強い連帯を示し

CHINA
福建省

た(北京語はもちろん、閩北の福州語とも互いに通じないほど方言が異なっているという)。現在、厦門を中心に話されている閩南語は、台湾、潮州、汕頭(広東省東部)、海南島はじめ、東南アジアでも話されている。

半独立国家の首府

明(1368〜1644年)代、海の交易ネットワークが発達し、中国東南沿岸部では、中央(北京)の影響をほとんど受けない倭寇・海賊が跋扈していた。鄭芝龍(1604〜61年)は福建、広東、日本、琉球、朝鮮、フィリピン、ベトナムなど、

▲左　ネオンが光る夜の厦門。　▲右　福建省では仏教文化が栄えた、南普陀寺にて

東アジアの海をまたにかける船団の頭領で、厦門近くの漳州月港での密貿易、ときには海賊行為を行なうなどして、巨額の富を築いていた。鄭成功は父に代わってこの船団をひきい、厦門や金門島を拠点としたことで、漳州月港からより海に近い厦門の街が台頭した。明清交替期にあって、明朝は「毒を盛って毒を制する」やりかたで、鄭氏の勢力を自らの陣営にひき入れ、鄭成功は「反清復明」をかかげて、根拠地厦門を「思明州（明を思う州）」とした。厦門、金門島は要塞化され、ここは中国東南沿岸部や海域を勢力範囲とする半独立国家の実質的な首都となっていた。

CHINA
福建省

「ティー」を積み出した港湾都市

明末清初、鄭成功(1624〜62年)が拠点をおき、より海上に近い厦門が中国東南部最大規模の港湾都市へと成長した。この時代、大航海時代を迎えて中国を訪れた西欧人は、中国茶の輸入を大々的に行なうようになった(明代の1675年にスペイン人が厦門を訪れ、1684年に厦門に税関がおかれている)。厦門は福建茶の積出港となり、厦門の人はお茶を「tay (Tea)」と呼んでいた。そのため厦門からヨーロッパに運ばれたお茶は福建語の「ティー(イギリスやヨーロッパ)」、マカオから運ばれたお茶は広東語の「チャ(ポルトガルや北イ

Xia Men　そして美都が生まれた

ンド)」としてそれぞれの地域で定着した。1842年、厦門が開港することになった要因のアヘン戦争は、イギリスが中国茶の輸入による赤字をアヘン密輸で相殺しようとしたことによる。

改革開放で選ばれた経済都市

1949年の建国以来、中華人民共和国は、共産主義による計画経済で運営されていた。こうしたなか、1978年より鄧小平の指導のもと、資本主義の要素や制度をとり入れる改革開放がはじまった。このとき最初の経済特区がおかれたのが資

CHINA
福建省

本主義の香港に隣接する「深圳」、マカオに隣接する「珠海」、東南アジアへの華僑を輩出した「汕頭」、そして台湾対岸の「厦門」だった(福建省は省都福州を経済特区に推薦したが、結局、厦門に決まった)。1979年以降、中国船が台湾海峡を自由に航行するようになり、1980年、厦門島湖里区ではじまった経済特区は、1984年には他の厦門島にも広がった。言葉(閩南語)や習慣が似通っているため、厦門では台湾企業の誘致が進み、台湾での成功や商習慣も通じやすいことから、台湾で実績をあげた日本企業が厦門に進出した。

Guide, Zhong Shan lu
中山路
城市案内

CHINA
福建省

厦門市街は、厦門島の南西部に発展した
その中心にあるのが中山路で
鷺江をはさんで対岸に鼓浪嶼が浮かぶ

厦門島 厦门岛 xià mén dǎo シャアメンダオ ［★★☆］

福建省南部の沿岸、九龍江の河口部に位置し、大陸部とは橋で結ばれている厦門島（租界のおかれた鼓浪嶼は、厦門島の南西に浮かぶ）。東西13km、南北14kmの福建省第4の島で、白亜紀（6500万年以上前）の花崗岩におおわれ、標高339.6mの洪済山を最高峰とする。宋（960～1279年）代、厦門島に植えた茎1本の稲が、いくつもの稲穂「嘉禾」をつけたことから、「嘉禾嶼」と呼ばれていた。明（1368～1644年）代以来の厦門旧城が島南西側（現在の中山公園にあたり）にあり、そのさらに南西側と鼓浪嶼をあわせて、港湾都市厦

Xia Men | 中山路城市案内

門を構成する（北京や西安など中国の伝統的な碁盤の目状の街と異なり、厦門島の起伏に富んだ地形にあわせるようにして街区が形成された）。20世紀に入ると、明清時代の街の北側が埋め立てられ、1978年の改革開放以降、厦門島中央部にも新市街がつくられた。

中山路 中山路 zhōng shān lù チョンシャンルウ［★★★］
フェリーの往来する渡し場の輪渡碼頭から、中山公園（厦門旧城）へ向かって伸びる中山路。厦門随一のにぎわいを見せる全長1250mの通りで、1920～30年代の都市再開発にあたっ

【地図】厦門市街

【地図】厦門市街の [★★★]
- ☐ 鼓浪嶼 鼓浪屿グウラァンユウ
- ☐ 鄭成功像 郑成功像ヂェンチェンゴォンシィアン
- ☐ 中山路 中山路チョンシャンルウ

【地図】厦門市街の [★★☆]
- ☐ 華僑博物院 华侨博物院ホゥアチィアオボオウウユゥエン

【地図】厦門市街の [★☆☆]
- ☐ 第八市場 第八市场ディバアシイチャァン
- ☐ 思明南路 思明南路スウミィンナンルウ
- ☐ 輪渡碼頭 轮渡码头ルゥンドゥマアトォウ
- ☐ 鷺江 鹭江ルウジィアン
- ☐ 厦門旧城 厦门旧城シャアメンジィウチャン
- ☐ 清真寺 清真寺チィンチェンスウ
- ☐ 中山公園 中山公园チョンシャンゴォンユゥエン
- ☐ 新街礼拝堂 新街礼拝堂シィンジエリイバァイタァン
- ☐ 鴻山公園 鸿山公园ホォンシャンゴォンユゥエン
- ☐ 禾祥西路 禾祥西路ハアシィアンシイルウ
- ☐ 白鷺洲公園 白鹭洲公园バァイルウチョウゴォンユゥエン

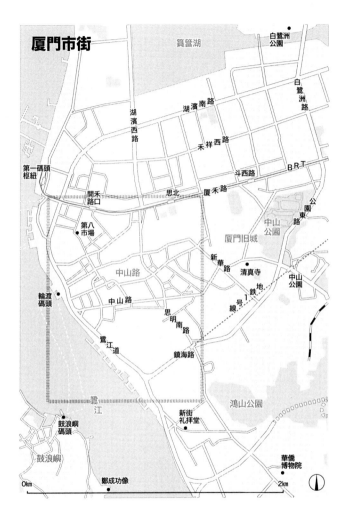

【地図】中山路

【地図】中山路の [★★★]
- [ ] 中山路 中山路チョンシャンルウ
- [ ] 鼓浪嶼 鼓浪屿グウラァンユウ

【地図】中山路の [★☆☆]
- [ ] 台湾小吃街 台湾小吃街タァイワァンシャオチイジエ
- [ ] 第八市場 第八市场ディイバアシイチァァン
- [ ] 思明南路 思明南路スウミィンナンルウ
- [ ] 水仙路 水仙路シュイシェンルウ
- [ ] 輪渡碼頭 轮渡码头ルゥンドゥマアトォウ
- [ ] 鷺江 鹭江ルウジィアン
- [ ] 城隍廟 城隍庙チャンフゥアンミャオ

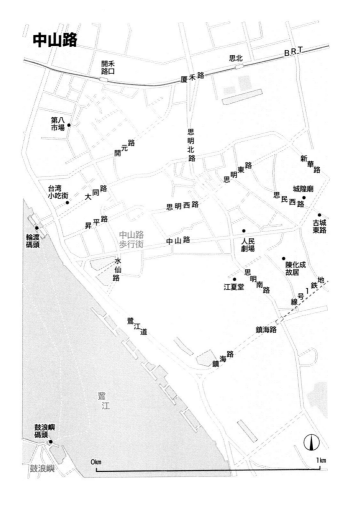

【MEMO】

【MEMO】

CHINA
福建省

て整備された(厦門はそれまで世界でもっとも汚い街とも言われていた)。道路の両脇は2階建て、3階建て以上の建物が姿を見せ、アーケード状の騎楼様式の美しい街並みへと変貌した。中山路には「華聯商厦」「巴黎春天百貨」「莱雅百貨」「老虎城百貨」といった厦門を代表する大型店舗が集まり、南曲と呼ばれる閩南伝統音楽も演じられる「人民劇場」や、飲食店、屋台、衣料店、銀行がずらりとならぶ。厦門の一大商圏を構成する中山路は夜遅くまでにぎわい、また中山路そばの古城東路は、閩台特色食品街となっている。

▲左 1日中にぎわう中山路、ここが厦門の中心部。　▲右　騎楼と呼ばれるアーケード状の通り

伝統の騎楼を歩く

騎楼（ちろう）は福建省や広東省などの中国東南沿岸部で見られる建築様式で、1階のアーケードのうえに2階部分以上の建築が「載る（騎る）」ように設計されている。1階は列柱、歩行路、店舗が一体となっていて、歩行者はいつでも街歩きや買いものができる（2階以上は住居として利用され、住人が暮らす）。騎楼の建築様式は、雨や台風が多く、日差しの強いこの地方の気候にあわせたもので、厦門では中山路を中心に、思明西路、大中路、昇平路一帯で見られる。1920年代から30年代にかけて厦門華僑の莫大な投資で整備され、

福建省

当時の自動車が通行できる道幅となっている。

台湾小吃街 台湾小吃街
tái wān xiǎo chī jiē タァイワァンシャオチイジエ [★☆☆]
中山路の近くを走る細い路地の台湾小吃街。海鮮類、臭豆腐などの小吃、フルーツ店が両脇にずらりとならぶ。厦門を代表する美食街となっている。

【MEMO】

福建省

厦門の料理

インドネシアのサテーソースを使った麺料理の「沙茶麺」、煮こごりの珍味「土笋凍」、山海の幸を紹興酒で煮込んだ「佛跳牆」、南普陀寺で食べられる「精進料理」などが厦門名物。厦門料理では、近郊で採れる文昌魚、石斑魚、黄魚、太刀魚、サバ、ヤリイカ、ワタリガニ、クルマエビなど、海の幸がふんだんに使われ、ライチや龍眼をはじめとする南国のフルーツも味わえる。また福建省南部は茶どころとして知られ、安渓鉄観音はじめさまざまな烏龍茶が楽しめる茶館も数多い。

Xia Men | 中山路城市案内

第八市场 第八市场
dì bā shì chǎng ディイバアシイチャァン［★☆☆］

厦門市民の台所とも言える第八市場。中山路北西側、細い路地が網の目のように走る一角に位置し、陸揚げされたばかりの魚介類、野菜、フルーツが通りの両脇にずらりとならぶ。

思明南路 思明南路
sī míng nán lù スウミィンナンルウ［★☆☆］

厦門市街の中心部、中山路と交差するように走る思明南路。騎楼式白色の４階建て欧風建築が続き、多くの店舗が入居す

福建省

る。鄭成功(1624 〜 62 年)が厦門を拠点としていたときの「思明州」から名づけられ、市街中心部から南の厦門大学へいたる。思明南路界隈には華僑として台湾へ渡った黄氏をまつる「江夏堂」、アヘン戦争時にイギリスと戦った厦門人の「陳化成故居」などが位置する。

水仙路 水仙路 shuǐ xiān lù シュイシェンルウ ［★☆☆］
かつて厦門の波止場にあった水仙宮の名残りをとどめる水仙路。水仙宮は水と深い関わりがあり、水に落ちて生命を落とした顓頊、伍子胥、項羽、李白などがまつられ、船員や漁夫

▲左　厦門では屋台の味にも挑戦したい。　▲右　輪渡碼頭近くから対岸の鼓浪嶼をのぞむ

の信仰対象となってきた。またかつて水仙路の南側に航海の守護神をまつる媽祖宮が立ち、このあたりは港町厦門でもっともにぎわうエリアだった。

輪渡碼頭 轮渡码头 lún dù mǎ tóu ルゥンドゥマアトォウ［★☆☆］
厦門島と鼓浪嶼を結ぶフェリーが往来する輪渡碼頭。船を運行する厦門輪渡有限公司は1937年以来の歴史をもち、幅700mの鷺江を5分ほどで結ぶ。このもっとも利便性の高い輪渡碼頭はおもに厦門市民が利用し、輪渡碼頭のほかに700m離れた第一碼頭、3200m離れた厦郵輪中心厦鼓碼頭（東

渡港）が位置する。また輪渡碼頭からは遊覧船も出ている。

鷺江 鷺江 lù jiāng ルウジィアン [★☆☆]

厦門島と鼓浪嶼のあいだに横たわる幅700mの鷺江。水深7〜25mで、厦門の港として機能し、5万トン級の船舶が往来する。鷺江という名前は、このあたりに白鷺の群れが集まり、えさを求めて飛ぶことから名づけられた（厦門島を鷺島といった）。厦門島側から対岸の鼓浪嶼や鄭成功像を目視でき、輪渡碼頭、東渡碼頭と鼓浪嶼を結ぶフェリーが鷺江を往来する。

Xia Men｜中山路城市案内

港町厦門

水深が深く、九龍江を通じて内陸に後背地をもつ厦門は、貿易港としての好条件をもっていた。鼓浪嶼側と厦門島側に港があり、かつて「鼓浪嶼は天国、厦門島は地獄」と言われた（20世紀初頭に都市改革が進められるまで、厦門はマラリヤやデング熱が蔓延し、アヘン売買や賭博の横行する不潔な街として知られていた）。近代、厦門港を拠点とする商人は、上海や天津を相手とする「北郊」、汕頭や香港の「南郊」、外国商人の買弁となった「洋郊」、福建茶をあつかう「茶郊」などにわかれていた。また華僑からの送金にこたえる目的もあっ

福建省

て、旧式銀行の銭荘もならんでいた。

日本の厦門進出

厦門は台湾人と血縁や地縁で関わりが強く、戦前、台湾の物資は厦門に集散され、中国各地や南洋に送られていた。日清戦争（1894 〜 95 年）で台湾を獲得した日本は、対岸の福建厦門への進出に意欲を見せ、戦略的拠点として重視していた。1897 年、旧日本領事館が鼓浪嶼に建てられ、1900 年、義和団事件の混乱のなか、日本軍が厦門を占領する厦門事件が起こっている。この厦門事件は西欧列強の抵抗にあって失敗に

▲左　お茶を囲む人たち、いたるところにお茶屋さんがあるのも厦門。　▲右　対岸から見た厦門中山路付近の様子

終わるが、やがて厦門島海岸部に日本租界がおかれた（領事館と日本の小学校は鼓浪嶼側の共同租界にあった）。大阪商船が台湾基隆から、厦門、汕頭、香港へいたる定期航路を運航し、日本占領下の台湾から台湾銀行、商社の三井物産が厦門に進出した。日本居留民のための厦門神社が建てられ、東本願寺や天理教会の姿もあった。

福建省

厦門旧城 厦门旧城
xià mén jiù chéng シャアメンジィウチャン [★☆☆]

背後に山、前方に海が広がる厦門島南西部のなだらかな丘陵地にあった厦門旧城。明初の 1387 年に江夏候周徳興が福建を占領し、1394 年、厦門に倭寇対策の水軍の駐屯地がおかれた。これが厦門旧城のはじまりで、中央に師提督の役所があり、「中左御守千戸所」が設置されたため、「中左所」とも呼ばれた。城壁は直径 400m の円形状で、高さは 6.3m、周囲 1403 m になり、その東西南北に城門が配置されていた（この城塞の門が、「厦門」という地名の由来だとされる）。東

門あたりには墟場と呼ばれる定期市が開かれるようになり、やがて1842年以降の開港で、城郭の南西側に港湾都市が形成された。辛亥革命後の1919年、厦門市制がはじまると、1920年代から30年代にかけての都市整備で城壁はとり壊された。現在の中山公園一帯が厦門旧城だった。

城隍廟 城隍庙
chéng huáng miào チャンフゥアンミャオ［★☆☆］

厦門旧城内、南門近くの城隍廟巷におかれた城隍廟。厦門旧城の造営にあわせて明代の洪武帝年間（1394年）に築かれ

【MEMO】

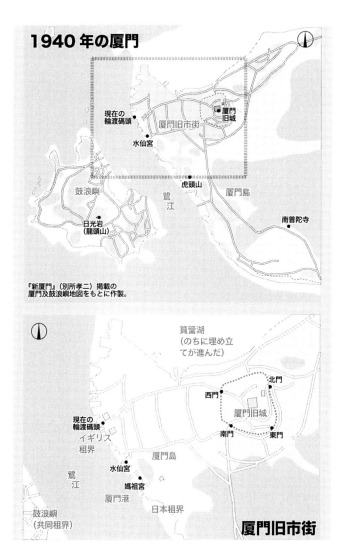

CHINA
福建省

た。都市の守り神として信仰を集めたほか、人びとが祭祀や行事で集まる場所でもあった。1949年の新中国設立後、破壊の憂き目にあい、現在の城隍廟は1997年に重建されたもの。城隍廟に隣接して、清朝が王朝の守護神とした関羽をまつった武廟もおかれていた。

清真寺 清真寺 qīng zhēn sì チィンチェンスウ ［★☆☆］
公園南路玉屛巷に位置するイスラム教の清真寺(モスク)。清朝なかごろから厦門島にもイスラム教徒が増え、それに応えるかたちで1823年に建立された。現在の建物は21世紀に

▲左　バスが往来する思明南路、街区は20世紀初頭のもの。　▲右　あっさりとして日本人の口にもあう廈門料理

入ってから再建され、6階建てのたたずまいを見せる。

中山公園 中山公园 zhōng shān gōng yuán
チョンシャンゴォンユゥエン ［★☆☆］

明代の1394年から1919年まであった廈門旧城の跡地に位置する中山公園。辛亥革命後の1926年、中華民国政府によって整備されたもので、公園内には孫中山記念碑が立ち、緑地の広がるゆったりとした空間をもつ。またかつてあった旧城同様に、東西南北に楼門を配し、南門の高さは15mになる。

福建省

新街礼拜堂 新街礼拜堂
xīn jiē lǐ bài táng シィンジエリイバァイタァン [★☆☆]

南京条約（1842年）で厦門が開港されてまもなくの1848年に創建された新街礼拝堂。アメリカ人宣教師によるもので、1933年に重建され、白色のたたずまい、ファザードの6本の列柱が印象的な様式をもつ。「中華第一聖堂」とたたえられている。

鴻山公園 鴻山公园 hóng shān gōng yuán
ホォンシャンゴォンユゥエン [★☆☆]

明代万暦（1572～1620年）年間に建立された鴻山寺が立つ鴻山公園。豊かな緑に包まれ、標高125mの頂付近からは鼓浪嶼や厦門市街を見渡せる。古くは、鴻山公園の北側に厦門旧城と厦門海岸部を結ぶ関門の鎮南関があり、この鎮南関を南に出れば南普陀寺にいたった。

Guide, Cheng Shi Dong Fang
市街東部
城市案内

ゆったりとしたキャンパスの厦門大学
景勝地の南普陀寺や厦門防衛のための胡里山砲台など
見どころが集まる市街東部

華僑博物院 华侨博物院 huá qiáo bó wù yuàn
ホゥアチィアオボオウウユゥエン [★★☆]

中国籍を有したまま海外に活躍の場を求めた華僑にまつわる華僑博物院。厦門出身で、東南アジアで成功した華僑の陳嘉庚（1874～1961年）によって、1959年に設立された。海を渡って世界各地に進出した華僑の活躍を豊富な写真、パネルで展示する「華僑華人展」、華僑による収蔵品の青銅器や陶器、書画が集められた「陳嘉庚珍蔵文物展」、鶏や魚類の標本などが見られる「自然館」からなる。中国様式と西欧様式をあわせた花崗岩による建物は、6階建て、堂々とした宮殿のよ

福建省

うなたたずまいを見せる。

厦門と華僑

明清時代以降、厦門を中心とする閩南人は、農作地の少なさ、人口の増大、海に面した立地などの要因から、海外に活路を見出すようになった。厦門の集美学村で生まれた陳嘉庚(1874～1961年)は、17歳でシンガポールへ渡り、ゴムの加工工場で財をなして「マレーのゴム王」と呼ばれるほどだった。華僑の特徴のひとつは、成功して得た富を自らの故郷に投資して、故郷に錦をかざることにあり、陳嘉庚は厦門大学の創

▲左　渡航先で数々の成功をおさめた華僑の人たち。　▲右　華僑にまつわる展示が見られるその名も華僑博物院

立などの教育事業のほか、革命家孫文への資金援助も行なっている。厦門の繁華街中山路の整備は華僑の資金によるところが大きく、厦門繁栄の影には華僑の力があった。「厦門は渡航前の華僑のたまる港で、鼓浪嶼は成功して帰った華僑が別荘を建てる」と言われた。

蜂巣山路 蜂巣山路
fēng cháo shān lù フェンチャアオシャンルウ [★☆☆]

華僑博物館から海岸に向かって伸びる蜂巣山路。通りの両脇にはレストラン、小吃店などがならぶ。

【地図】市街東部

【地図】市街東部の [★★☆]
- ☐ 華僑博物院 华侨博物院 ホゥアチィアオボオウウユゥエン
- ☐ 厦門大学 厦门大学 シャアメンダアシュエ
- ☐ 南普陀寺 南普陀寺 ナァンプウトゥオスウ
- ☐ 胡里山砲台 胡里山炮台 フウリイシャンパァオタァイ
- ☐ 白城沙灘 白城沙滩 バァイチャンシャアタァン

【地図】市街東部の [★☆☆]
- ☐ 新街礼拝堂 新街礼拝堂 シィンジエリイバァイタァン
- ☐ 鴻山公園 鸿山公园 ホォンシャンゴォンユゥエン
- ☐ 蜂巣山路 蜂巣山路 フェンチャアオシャンルウ
- ☐ 世茂海峡大厦 世茂海峡大厦 シイマオハァイシィアダアシャア
- ☐ 環島路 环岛路 ホゥアンダオルウ
- ☐ 鷺江 鹭江 ルウジィアン
- ☐ 思明南路 思明南路 スウミィンナンルウ
- ☐ 中山公園 中山公园 チョンシャンゴォンユゥエン
- ☐ 厦門園林植物園 厦门市园林植物园 シャアメンシイユゥアンリィンチイウウユゥエン
- ☐ 虎溪岩 虎溪岩 フウシイユェン
- ☐ 白鹿洞 白鹿洞 バイルウドォン

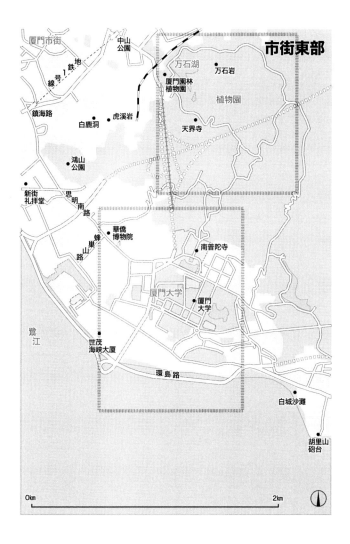

【地図】廈門大学の [★★☆]
- ☐ 華僑博物院 华侨博物院 ホゥアチィアオボオウウユュエン
- ☐ 廈門大学 厦门大学 シャアメンダアシュエ
- ☐ 南普陀寺 南普陀寺 ナァンプウトゥオスウ

【地図】廈門大学の [★☆☆]
- ☐ 蜂巣山路 蜂巣山路 フェンチャアオシャンルウ
- ☐ 世茂海峡大廈 世茂海峡大廈
  シイマオハァイシィアダアシャア
- ☐ 環島路 环岛路 ホゥアンダオルウ
- ☐ 思明南路 思明南路 スウミィンナンルウ
- ☐ 廈門園林植物園 厦门市园林植物园
  シャアメンシイユゥアンリィンチイウウユュエン

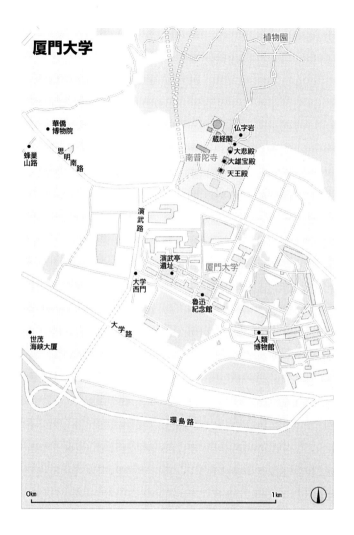

CHINA
福建省

厦門と水上居民

厦門には3000年前から、漁労生活を行なう百越の人が暮らしていたという。岩がちな厦門島では農業よりも、漁業にたずさわる人びとが多く、厦門周辺の海域には5000を超す海洋生物が生息するという。厦門の魚仔市、開元路、開禾路といった場所に漁民が多く暮らし、なかには船を棲家に水上で暮らす水上居民の姿もあった。この水上居民は「蛋民(水上居民)」と呼ばれ、香港、広東省や福建省などの中国東南沿岸部、東南アジアから西日本にいたるまでの広い地域に分布していた。20世紀なかごろまで、彼らは差別を受けること

▲左　広々とした厦門大学のキャンパス。　▲右　北京から厦門、広州へと身を移していった魯迅

もあったが、現在、ほとんどが陸上定住生活を送っている。

厦門大学 厦门大学
xià mén dà xué シャアメンダアシュエ［★★☆］

中国有数の名門大学で、中国でもっとも美しいキャンパスをもつ大学として知られる厦門大学。旧陸軍練兵場があった場所に、1921年、厦門華僑の陳嘉庚が設立し、開放的な雰囲気に包まれている（日中戦争時には福建省西部の長汀県に遷されたこともあった）。厦門大学の教官をつとめた文豪魯迅にまつわる「厦門大学魯迅紀念館」、閩南の南洋文化、ショ

オ族や台湾高山族の服飾などを収蔵する「厦門大学人類博物館」、鄭成功が水軍の練兵を行なった場所の「演武亭遺址」などが位置する。

厦門時代の魯迅

清朝末期から中華民国初期に生きた文豪の魯迅(1881～1936年)。西欧列強の進出を受け、弱体化する中国にあって、『阿Q正伝』『狂人日記』を記し、進歩的な中国青年の支持を集めた。一方で、その革命的な思想から身の危険にさらされ、北京から南方の厦門へ逃れ、1926～27年のあいだ厦門

Xia Men 市街東部城市案内

大学で魯迅は『中国文学史』を教えた。日本留学時代の思い出をつづった『藤野先生』は厦門で執筆されているほか、「この建物は海辺にあって、昼も夜も海からの風に吹きさらされています」「思えば、まだ去年、厦門島に引っこもっていたころだが、ひどく人に嫌われて、とうとう『鬼神を敬して之を遠ざく』式の待遇を受け、図書館の桜上の一室に祭りあげられた」といった記録も残している（対人関係に悩んでいたという）。やがて魯迅は、教え子で妻となった許広平のいる広州へと遷った。

福建省

南普陀寺 南普陀寺
nán pǔ tuó sì ナァンプウトゥオスウ ［★★☆］

五老峰の南麓に位置し、厦門屈指の古刹の南普陀寺。1000年を超す伝統を誇り、五老峰の5つの峰と、南普陀寺のたたずむ姿は「五老凌霄」とたたえられてきた。創建は唐代末にさかのぼり、五代に泗洲寺、宋代に普照院となるなど興廃を繰り返した。明代に規模が拡大され、続く清代以降、厦門が港湾都市として台頭したこともあって、清朝康熙帝の1683年に南普陀寺として整備された。南普陀寺（「南の普陀山」）という寺名は、観音の聖地普陀山からあやかったもので、海

▲左　厦門を代表する古刹の南普陀寺。　▲右　航海の神さまでもある観音菩薩がまつられている

の守り神である観音がまつられている。近代以降に都市化の進んだ厦門にあって、南普陀寺はそれほど多くない厦門の景勝地のひとつとなり、米粉（ビーフン）などの精進料理を出すことでも知られる。厦門の南普陀寺は、福州涌泉寺、泉州開元寺、莆田広化寺とならぶ福建四大禅林にあげられる。

南普陀寺の伽藍

前方に湖があり、後方に五老峰がそびえる風水上めぐまれた立地をもち、総面積3万平方メートルの広大な敷地をもつ南普陀寺。入口にあたる「天王殿」、過去・現在・未来を意味

CHINA
福建省

する三世尊仏を安置する「大雄宝殿」、大雄宝殿の背後に続く「大悲殿」と「蔵経閣」へ軸線上に伽藍は展開する(屋根は緑の屋根瓦でふかれている)。またその背後には清代の、金文字「佛」の書かれた高さ4m、幅3mの巨大な岩があり、この岩は大変、縁起がよいとされる。南普陀寺には、1924年以来、閩南仏教学院がおかれていて、多くの仏僧を抱える中国仏教の拠点となっている。

▲左 多くの人が集まる美しいビーチの白城沙灘。　▲右　帆のかたちをしたツインタワーの世茂海峡大厦

世茂海峡大厦 世茂海峡大厦 shì mào hǎi xiá dà shà
シイマオハァイシィアダアシャア ［★☆☆］

西に鼓浪嶼、東に厦門大学が位置する厦門の海岸部にそびえる世茂海峡大厦。それぞれが高さ250mを超すツインタワー（ひとつは300m）で、「厦門双子塔」の愛称で知られる。弓のようにそる外観は、厦門を行き交う「船の帆」と厦門の市花「ブーゲンビリア」がイメージされ、この街の新たなランドマークとなっている。オフィスやホテル、ショッピングモール、映画館が入居し、ビジネス、旅行、休暇の拠点となっている。

福建省

環島路 环岛路 huán dǎo lù ホゥアンダオルウ ［★☆☆］
厦門島の海岸地帯をぐるりと一周する環島路。海からの風を受け、ヤシの木が揺れる姿は南国の楽園を思わせる。白い砂浜が続く南海岸、東海岸の景色がとくに美しく、胡里山砲台から続く「木桟道（遊歩道）」、海辺にのぞむモニュメントが見られる「書法広場」、海の守り神の媽祖をまつった「天上聖媽宮」などが位置する。

▲左　厦門を守る要塞だった胡里山砲台。　▲右　清朝時代の水軍をテーマにした劇が演じられていた

胡里山砲台 胡里山炮台
hú lǐ shān pào tái フウリイシャンパァオタァイ ［★★☆］

厦門島と鼓浪嶼へいたる海にのぞむ胡里山に立つ胡里山砲台。厦門港を防御するための砲台で、「八閩門戸、天南鎖鑰」と呼ばれていた。1891年に彭楚漢によって造営が進められ、4年後に完成し、亜熱帯の榕樹が茂る胡里山の地形を利用した城塞となっている（厦門は、もともと倭寇対策の要塞として出発した歴史があり、鄭成功の時代以後も、1757年に砲台がおかれるなど島の海防が進められていた）。現在は胡里山砲台こと全長13.9m、重量87トンの「克虏伯大砲」を安

CHINA
福建省

置するほか(清朝が5万両で購入した当時、世界最大の大砲)、清朝八旗の意匠をまとった劇「紅夷火砲清兵操演」、敵の攻撃をさけるための「暗道(トンネル)」、清朝官吏と西欧人の彫像などが見られる。また明代の化石が展示された厦門栄光宝蔵博物院も位置する。

白城沙灘 白城沙灘
bái chéng shā tān バァイチャンシャアタァン [★★☆]

厦門島南岸に広がる美しいビーチの白城沙灘。対岸に鼓浪嶼をのぞみ、ツインタワーの世茂海峡大厦がそびえる絶好のロケーションをもつ。1年を通して温暖な厦門にあって、地元の人や旅行者など多くの人が訪れるビーチとなっている。潮がひいたとき、白亜紀（6500万年以上前）のものという厦門島特有の花崗岩も見られる。

Guide,
Zhi Wu Yuan
植物園
鑑賞案内

厦門島の中央南部に広がる亜熱帯の豊かな自然
そこに位置する厦門園林植物園
奇岩や仏教寺院などが点在する

厦門園林植物園 厦门市园林植物园
xià mén shì yuán lín zhí wù yuán
シャアメンシイユゥアンリィンチイウウユゥエン　［★☆☆］

厦門島中南部、熱帯、亜熱帯に生息する4000以上の植物を栽培する厦門園林植物園（万石山風景区）。もともとは海外華僑の投資による、食糧油、果物、野菜、香辛料などを生産する厦門亜熱帯植物農場だったが、1960年に植物園として開放された。敷地内には「万石岩」「大平岩」「酔仙岩」などのさまざまな奇岩が残り、樹齢300年を超す樹木や厦門の市花ブーゲンビリアも見られる。「万笏朝天」「中岩玉笏」「天

【地図】植物園

【地図】植物園の［★☆☆］
- 厦門園林植物園 厦门市园林植物园
  シァメンシイユゥアンリィンチイウウユゥエン

CHINA
福建省

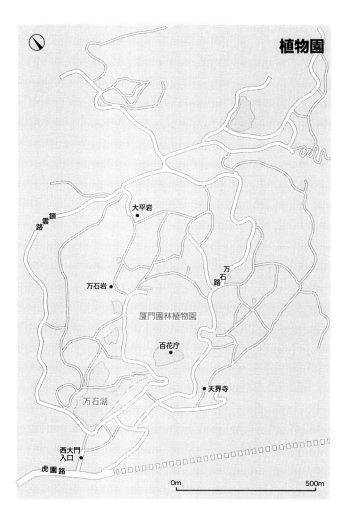

福建省

界暁鐘」「太平石咲」「紫雲得路」「高読琴洞」の景区から構成される。

厦門園林植物園の景勝地

厦門園林植物園は万石山風景区とも言い、万石岩の位置する獅山は朝霧が美しい「獅山焼霧」として名高い。植物園内には「万石岩」や「大平岩」といった奇岩がいくつもあり、そばには仏教寺院が位置する。万石岩のそばの万石寺は明代に建てられ、清代康熙帝（在位 1661 ～ 1722 年）時代に再建された。また「大平岩」のそばには海雲洞、放生池とならんで

▲左　榕樹など亜熱帯の植生が見られる。　▲右　獅子の意匠は中国から日本にも伝わった

太平岩寺が位置し、鄭成功がこのあたりで読書を楽しんだと伝えられる。乾隆帝（在位1735〜95年）時代、月松和尚が再興し、遠くに響く早朝の鐘の音（「天界暁鐘」）で知られた「天界寺」も残る。これらが厦門園林植物園の代表的な景勝地で、ほかに多くの磨崖石刻もある。

虎溪岩 虎溪岩 hǔ xī yán フウシイユェン ［★☆☆］

厦門園林植物園の南西、玉屏山の北斜面に位置する虎溪岩。岩のかたちが虎の口に似ていることから、この名前がつけられた。虎が住み着いていたという石穴があり、奇岩と榕樹な

福建省

どの樹木が美しい景観をつくる。

白鹿洞 白鹿洞 bái lù dòng バイルウドォン ［★☆☆］
朱子学を大成した朱熹（1130〜1200年）ゆかりの白鹿洞。白鹿洞という名称は、朱熹がこの地に遊んだとき、白鹿がこの洞窟を守っていたからだとも、朱熹の白鹿書院に由来するともいう。ここからは厦門の美しい街並みが見える。

Guide,
Cheng Shi Bei Fang
市街北部
城市案内

CHINA
福建省

厦門市街が手ぜまになったことから
市街北部の埋め立てが進み
厦門島中央部に新市街が形成された

禾祥西路 禾祥西路
hé xiáng xī lù ハアシィアンシイルウ ［★☆☆］

厦門旧市街の北側を並行して東西に走る「厦禾路」「禾祥西路」「湖濱南路」。古くはこのあたりは海（入江）だったところで、厦禾路以北は埋め立てられて新市街となった。厦門料理や小吃を出す店舗、ビジネスホテルが集まる「禾祥西路」を中心に、温州人の経営する電気街、銀行や商店の集まる商業圏を構成する。

Xia Men ｜ 市街北部城市案内

白鷺洲公園 白鹭洲公园 bái lù zhōu gōng yuán
バァイルウチョウゴォンユゥエン ［★☆☆］

篔簹湖の中洲を利用して整備された白鷺洲公園。白鷺洲という名前は、白鷺が集まるところにちなむ（厦門島は「鷺島」とも呼ばれた）。厦門の市鳥でもある白鷺をかたどったモニュメントが立ち、「国朝平定両島（両島は厦門島と金門島のこと）」の文言も見える。

【地図】市街北部

【地図】市街北部の [★★★]
- ☐ 鼓浪嶼 鼓浪屿 グウラァンユウ
- ☐ 中山路 中山路 チョンシャンルウ

【地図】市街北部の [★☆☆]
- ☐ 白鷺洲公園 白鹭洲公园 バァイルウチョウゴォンユゥエン
- ☐ 海湾公園 海湾公园 ハァイワァンゴォンユゥエン
- ☐ 海上明珠観光塔 海上明珠观光塔
  ハァイシャンミィンチュウグゥアングァンタア
- ☐ 鷺江 鹭江 ルウジィアン
- ☐ 禾祥西路 禾祥西路 ハアシィアンシイルウ
- ☐ 湖濱北路 湖滨北路 フウビィンベイルウ
- ☐ 厦門市博物館 厦门市博物馆
  シャアメンシイボオウウグゥアン
- ☐ 厦門駅 厦门站 シャアメンヂァン
- ☐ 輪渡碼頭 轮渡码头 ルゥンドゥマアトォウ
- ☐ 中山公園 中山公园 チョンシャンゴォンユゥエン
- ☐ 厦門園林植物園 厦门市园林植物园
  シャアメンシイユゥアンリィンチイウゥユゥエン

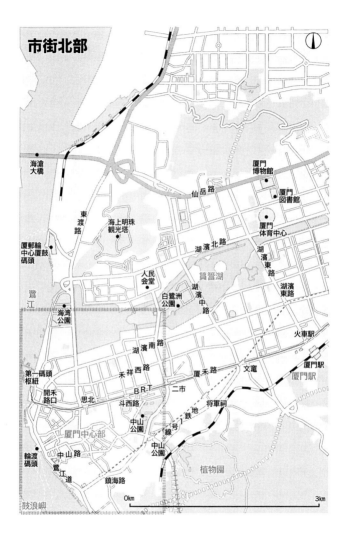

福建省

海湾公園 海湾公园
hǎi wān gōng yuán ハァイワァンゴォンユゥエン [★☆☆]

鷺江に面し、厦門市民の憩いの場となっている海湾公園。ヤシの木がならび、水辺からの潮風もふく公園からは、厦門島と対岸を結ぶ雄大な海峡大橋も視界に入る。農貿市場のあった場所が21世紀に入ってから整備された。

▲左　厦門を一望できる海上明珠観光塔。　▲右　鷺江のほとりで憩う人たち

海上明珠観光塔 海上明珠观光塔
hǎi shàng míng zhū guān guāng tǎ
ハァイシャンミィンチュウグゥアングァンタア　[★☆☆]

厦門市街の北部、東渡狐尾山頂にそびえ、厦門を一望できる海上明珠観光塔。海と砂浜、亜熱帯の緑、租界建築が織りなす「海上明珠（海に浮かぶ美しい都市）」の観光塔となっている。19階建て、高さ195mで、360度最上階の展望台からは、台湾の金門島も視界に入る。逆ラッパ型の上部に、球体が載る建物は、2004年に完成した。

CHINA
福建省

湖濱北路 湖滨北路
hú bīn běi lù フウビィンベイルウ [★☆☆]

篔簹湖の北側を東西に走る湖濱北路。厦門市人民政府や体育中心、厦門図書館など官公庁が位置し、高層ビルやオフィスも集まる。

厦門市博物館 厦门市博物馆 **xià mén shì bó wù guǎn
シャアメンシイボオウウグゥアン** [★☆☆]

福建省南部の中心都市、厦門の歴史、民俗、文化の展示、研究を行なう厦門市博物館。厦門の歩みを巨大パネルや模型で

Xia Men

市街北部城市案内

見せる「厦門歴史陳列」、福建省および台湾の冠婚葬祭はじめ、衣食住、宗教や信仰を季節ごとに展示する「閩台民俗陳列」、この地方で豊富に産出される石の牌楼や石像をあつかう「閩台古石彫大観園」、書画や玉器、陶器、銅像がならぶ「館蔵文物精品陳列」といった展示が見られる。厦門市博物館は1983年の創建で、もともと鼓浪嶼八卦楼にあったが、市街北東部のこの地に遷されることが2006年に決まり、規模は旧館の6倍になった。厦門各地にある「鄭成功紀念館」「陳勝元故居」「陳化成故居」などの分館も統括する。

福建省

厦門駅 厦门站 xià mén zhàn シャアメンヂァン［★☆☆］
中国大陸から離れて浮かぶ厦門島への鉄道敷設は、他の中国の街にくらべて遅れていた。1953年に造営された「高集海堤」によって中国大陸と厦門島がつながり、1957年に厦門市街の北東部で厦門駅が開業した。この厦門駅の周囲は新市街となって商圏を構成し、「世貿商城」や「華聯商廈」といった大型店舗がならぶ（ホテルやレストランも集まる）。また厦門駅の北側には、厦門空港と各地を往来する物資のための高崎駅があるほか、2010年には市街北郊外に高速鉄道用の厦門北駅も開業し、福州や深圳とのアクセス利便があがった。

▲左　新市街では高層ビルが林立する。　▲右　東渡港こと厦郵輪中心厦鼓碼頭

江頭 江头 jiāng tóu ジィアントォウ ［★☆☆］

厦門市街の北郊外、厦門島の中央部に位置する江頭。このあたりは20世紀後半から開発が進んでいった新市街で、ゆったりとした街区のなか高層ビルが立つ。また厦門有数のショッピング・モールの「SM城市広場」や「天虹商場」といった大型商業店舗も集まり、SM商圏を構成する。「SM城市広場」は、マニラで成功したフィリピン人華僑施至成が、2001年、故郷近くの厦門に投資して開業した（SMモール）。

【地図】新市街

【地図】新市街の [★☆☆]

- ☐ 厦門駅 厦门站 シャアメンヂァン
- ☐ 江頭 江头 ジィアントォウ
- ☐ 湖濱北路 湖滨北路 フウビィンベイルウ
- ☐ 厦門市博物館 厦门市博物馆 シャアメンシイボオウウグゥアン

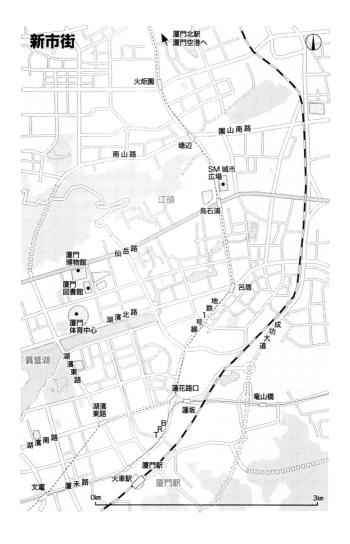

Guide,
Ji Mei Xue Cun
集美学村
城市案内

大陸側厦門に位置する集美学村

小さな農村だったこの地は

ひとりの華僑の力で学園都市に生まれ変わった

厦門海堤 厦门海堤
xià mén hǎi dī シャアメンハァイディイ [★☆☆]

中国大陸と厦門島を結ぶ全長 2212m の厦門海堤（高集海堤）。長らく厦門と他地域の往来にあたって、船が利用されたが、1953 年に厦門海堤（高集海堤）が完成したことで陸続きとなった。海峡に石を投じて基礎をつくって橋をかけ、車や鉄道が通って交通の便があがった。厦門海堤高崎側に朱徳筆の記念碑がある。

【地図】集美学村の ［★★☆］
- [ ] 集美学村 集美学村ジイメェイシュエチュン
- [ ] 厦門島 厦门岛シャアメンダオ

【地図】集美学村の ［★☆☆］
- [ ] 厦門海堤 厦门海堤シャアメンハァイディイ
- [ ] 鰲園 鳌园アオユゥエン

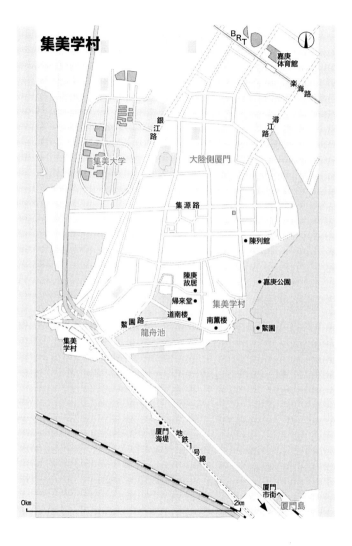

福建省

集美学村 集美学村
jí měi xué cūn ジイメェイシュエチュン［★★☆］

厦門島にのぞむ中国大陸側に位置し、広大な敷地のなか大型建築が点在する集美学村。1874年、この村に生まれ、華僑として東南アジアに渡った陳嘉庚（1874～1961年）の故郷として知られる。陳嘉庚はシンガポールのゴム王として成功すると、1913年、自らの故郷に投資し、その財産を教育や学術にそそぎこんだ。陳嘉庚の創建した幼稚園、小学校、中学校、教師を養成する師範学校、水産学校など、各種学校が集まる学園都市となっている。龍舟競漕が行なわれる「龍舟

▲左　城のような建物が立つ集美学村。　▲右　鰲園には華僑として成功をおさめた陳嘉庚が眠る

池」を中心に、帰郷してきた陳嘉庚が暮らした当時のまま保存された「陳庚故居」、陳嘉庚や華僑にまつわる「陳列館」、中国式の楼閣とヤシの木が印象的な「嘉庚公園」、迎賓館の役割も果たした「帰来堂」など、巨大な城のような威容の建築や学校がならぶ。

鰲園 鳌园 áo yuán アオユゥエン ［★☆☆］

集美学村の南東に突き出した海岸部の半島に位置する鰲園（ごうえん）。鰲園という名前は、島のかたちが「海亀（鰲）」に似ていることからつけられた。1950年から4年かけて造

福建省

営され、陳嘉庚の墓が残る。園内中央には高さ28m、毛沢東直筆の解放記念碑がある。

華僑の開拓者精神と陳嘉庚

中国籍をもちながら、東南アジアなどの海外に進出した中国人を華僑と呼ぶ。この華僑には、海にのぞむ立地や、農作地の少なさから新天地を求めた福建省と広東省出身者が多かった。厦門は明清時代から、華僑出発の港町となり、集美学村出身の陳嘉庚（1874～1961年）は17歳のときシンガポールに渡った。米穀商から、パイナップル製造工場、氷糖商、

Xia Men

集美学村城市案内

ゴム農園へと事業を拡大させ、シンガポールやマレーシアで「ゴム王」と呼ばれた。1934年に世界恐慌のあおりをうけて破産したが、債務完済後、陳嘉庚はシンガポール建国にも尽力している。成功した華僑は、自らの故郷に投資することも多く、陳嘉庚はその財産を厦門の教育事業につぎこんだ（各家庭行なっていた教育を公的化する目的で学校をつくり、1921年、厦門島に厦門大学を創立している）。また孫文を支援し、中国共産党にも協力するなど、社会活動家としても評価される。

Guide,
Xia Men Jiao Qu
厦門郊外
城市案内

郊外に拡大していく厦門の街
東の洋上には台湾管轄の金門島が浮かび
大陸側厦門には高速鉄道の北駅もつくられた

台湾民俗村 台湾民俗村 tái wān mín sú cūn
タァイワァンミィンスウチュン [★☆☆]

厦門島をぐるりと一周する環島路の東側に位置する台湾民俗村。明清時代以降、多くの華僑が厦門から台湾へ渡ったこともあって、閩南と台湾をモチーフとしたテーマパークとなっている。台湾の景観が再現され、動植物や昆虫、滝や噴水などを鑑賞できるほか、台湾高山族の舞踊も見られる。

福建省

厦門国際会議展覧中心 厦门国际会议展览中心
xià mén guó jì huì yì zhǎn lǎn zhōng xīn シァアメングゥオジイフゥイイイチャンラァンチョンシィン ［★☆☆］

厦門島東部に開発された明発新城に位置する厦門国際会議展覧中心。金門島をのぞむ海を背後にして立ち、茶葉や茶器をテーマにした展覧会やビジネス展示会はじめ、国際会議、イベントが開催される。ホテルやレストランも併設する。

五縁湾湿地公園 五缘湾湿地公园
wǔ yuán wān shī dì gōng yuán
ウウユゥエンワァンシイディイゴォンユゥエン [★☆☆]

五縁湾湿地公園は、厦門島北側の入江を利用して整備された厦門最大の公園。白鷺や渡り鳥が集まる水辺の湿地帯が広がり、水と緑が美しい。また五縁湾湿地公園から北東に位置する五通（厦門島北東端）は、清代、泉州方面への渡し場があった。

【地図】廈門島東部

【地図】廈門島東部の [★★☆]
- [ ] 胡里山砲台 胡里山炮台 フウリイシャンパァオタァイ

【地図】廈門島東部の [★☆☆]
- [ ] 台湾民俗村 台湾民俗村 タァイワァンミィンスウチュン
- [ ] 廈門国際会議展覧中心 厦门国际会议展览中心 シャアメングゥオジイフゥイイイチャンラァンチョンシィン
- [ ] 五縁湾湿地公園 五缘湾湿地公园 ウウユゥエンワァンシイディイゴォンユゥエン
- [ ] 金門島 金门岛 ジィンメンダオ
- [ ] 環島路 环岛路 ホゥアンダオルウ
- [ ] 廈門駅 厦门站 シャアメンヂァン

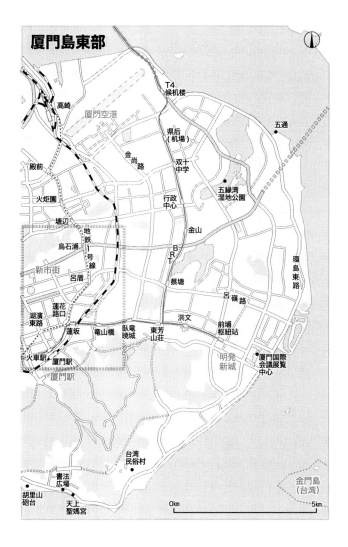

【地図】厦門郊外

【地図】厦門郊外の [★★★]
- ☐ 鼓浪嶼 鼓浪屿 グウラァンユウ

【地図】厦門郊外の [★★☆]
- ☐ 厦門島 厦门岛 シャアメンダオ

【地図】厦門郊外の [★☆☆]
- ☐ 台湾民俗村 台湾民俗村 タァイワンミィンスウチュン
- ☐ 厦門北駅 厦门北站 シャアメンベイヂャン
- ☐ 青礁慈済宮 青礁慈済宮 チィンジィアオツウジイゴォン
- ☐ 同安 同安 トォンアァン
- ☐ 漳州月港 漳州月港 チャンチョウユエガァン
- ☐ 金門島 金门岛 ジィンメンダオ

厦門～泉州

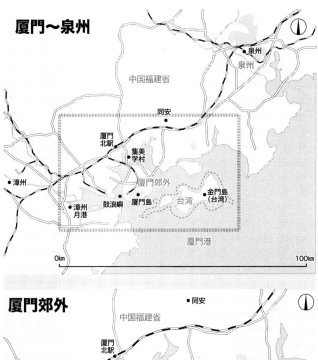

厦門郊外

Xia Men

厦門郊外城市案内

福建省

厦門北駅 厦门北站
xià mén běi zhàn シャアメンベイヂァン [★☆☆]
厦門市街中心部から25km離れた大陸側厦門の集美区に位置する厦門北駅。中国東南沿岸部を走る高鉄の駅として2010年に開業した。1980年代後半、鉄道で厦門から福州へ移動するのに半日以上かかると言われたが、高鉄が劇的に移動時間を短縮した。北の上海や南の深圳へも鉄路は伸びる。

▲左　厦門郊外の新市街、ガラス張りのビル。　▲右　厦門名物の沙茶麺も試してみたい

青礁慈済宮 青礁慈済宮
qīng jiāo cí jì gōng チィンジィアオツウジイゴォン [★☆☆]

福建省と台湾で広く信仰されている道教の神さま保正大帝（大道公）をまつる青礁慈済宮。保正大帝とは宋代に人々の病を治した同安県出身の医者呉本（979〜1036年）のこと。宋仁宗皇后の病気を治したと言われ、呉本をまつる青礁慈済宮は1151年に建てられた。閩南地方から多くの人が台湾に渡ったこともあり、現在では台湾で広く信仰を集めている。山門、本殿、龍湫庵、四聖跡亭などからなる閩南建築様式をもつ。

福建省

同安 同安 tóng ān トォンアァン ［★☆☆］

厦門市街の北郊外30kmの同安は、厦門成立以前の282年から県がおかれていた歴史をもつ。厦門は長らく泉州府同安県の行政管理下だったという経緯があり、中華民国時代以後、同安は反対に厦門市を構成するひとつの県となった。映画の撮影も行なわれる同安影視城が位置する。

漳州月港 漳州月港
zhāng zhōu yuè gǎng チャンチョウユエガァン [★☆☆]
厦門で海にそそぐ九龍江をさかのぼったところに位置する漳州月港。厦門と漳州のちょうど中間地点にあり、明（1368〜1644年）代、双嶼とならぶ密貿易の拠点であった。宋元代に福建省随一の港だった泉州が衰退し、明朝が海禁政策をとると、倭寇や商人はここ漳州月港で密貿易を行なった（明朝は当初、民間商人の貿易を禁じた）。この地は漳州から少し離れ、土地は肥えておらず、山と海に隔てられていたがゆえ、密貿易に適し、月のようなかたちをした地形から「月

CHINA
福建省

港」と名づけられた。とくに 16 世紀末から 19 世紀にかけてスペイン領フィリピンのマニラを中継点とする南海貿易の拠点となり、一航海 10 倍と言われる利益が出たため、月港は「小蘇杭」と呼ばれるほど繁栄した。明末清初の鄭成功（1624〜 62 年）が九龍江河口の厦門を拠点とすると、やがて漳州月港の繁栄はそちらにとって替わられた。明代の 1675 年にスペイン人が厦門へ上陸したという記録が残っているのは、厦門が漳州月港への玄関口にあたったことにもよる。

▲左　厦門と台湾（金門島）をフェリーが往来する。　▲右　高鉄の厦門北駅、福州や深圳へのアクセス起点となる

金門島 金门岛 jīn mén dǎo ジィンメンダオ ［★☆☆］

厦門の東の洋上7㎞の位置に浮かび、厦門からも目視できる金門島。金門島は面積131.7平方キロメートルで厦門島よりやや大きく、金門島とその西側の小金門島、島嶼部からなる。鄭成功は厦門と金門島を拠点とするなど、金門島は古くから厦門、泉州と同じ閩南文化をもつが、現在、台湾が実効支配している（金門島の住民は台湾島よりも、厦門の言語、文化、民俗にきわめて近い）。国民党の蒋介石が大陸から台湾へ渡った国共内戦（～1949年）後も、厦門と金門島のあいだで砲撃戦が交わされるなど、20世紀末までは中国共産党と台湾

CHINA
福建省

国民党の戦いの最前線となってきた。2001年から通航、通信、通商の「小三通」のもと、融和が進み、2002年、厦門と金門島のあいだの航路が開かれた。現在、金門島は農業や水産業にくわえて、金門高粱酒の酒造業で知られる観光地となっている。

中国大陸と台湾のはざまで

鄭成功（1624〜62年）は厦門で兵を鍛錬し、金門島より澎湖諸島をへて、オランダから台湾を解放した。また国共内戦のさなか、1949年10月17日に厦門を解放した中国共産党

は、24 日、金門島への上陸作戦を行なったが、敗北し、国民党はその後、反攻に出た。こうして 1949 年、中国大陸から追われるかたちで台湾へ移住した国民党による、金門島の実効支配は続くことになり、島が要塞化されて緊張状態が続いていた。明末清初の鄭成功と、近現代の国民党は、ともに台湾へ逃れて、厦門と金門島を足がかりに中国大陸回帰をうかがったということで共通点があった。

城市のうつりかわり

「交易と海賊との歴史」とたとえられた厦門の歩み
政治の中心とはならず厦門の発展は
海上交易や民間人の手によって進められた

宋代以前（～13世紀）

紀元前1000年ごろには、厦門島には「百越」と呼ばれる人たちが暮らし、漁労生活を行なっていた。ここは中原から見ればはるか遠くの地で、282年に同安県（厦門北郊外）がおかれ、その管轄となったが、厦門はほとんど何もない島嶼部だった。宋代（960～1279年）以降、厦門北東の泉州が台頭したことで海上の往来が活発になった。当時、厦門島に植えた1本の稲（茎）から稲穂がいくつか実ったという縁起（嘉禾）から「嘉禾嶼」と呼ばれていた（また白鷺が多く集まったため「鷺島」と呼ばれ、一方、鼓浪嶼は「圓沙州」と呼ば

CHINA
福建省

れた)。南宋時代、廈門島には1000を超す戸に、6000人が暮らしていたと言われ、世界最大の貿易港泉州の周囲を構成する島だった。またこの時代、海上交易の高まりとともに、中国東南岸部では多くの海賊が跋扈するようになっていた。

明清 (14～19世紀)

明を樹立した朱元璋(1328～98年)の配下の江夏候周徳興は、1387年、福建を攻略し、1394年、廈門島に城塁が建設された。倭寇や海賊をとりしまる目的のもので、その城郭の門が「廈門」の地名になったとされる。朱元璋は海上交易を国家が管

▲左　観光客が押し寄せる鼓浪嶼。　▲右　ヤシの木がしげる厦門大学のキャンパスにて

Xia Men　城市のうつりかわり

轄する方針をとったため、この地方の商人や船乗りは密貿易を行なうようになり、厦門から九龍江をさかのぼった漳州月港がその拠点となった。月港の門戸に位置した厦門は、倭寇や海賊の根拠地となり、とくに明清交替期に「反清復明」をかかげた鄭成功（1624〜62年）が拠点「思明州」をおいて海上帝国の主都となった（鄭成功はやがて台湾へと拠点を遷し、厦門は清朝の勢力下に入った）。またこの時代は西欧の大航海時代にあたり、1516年に東南アジア方面からのポルトガル人、1675年にフィリピンからのスペイン人が厦門に足跡を残している。厦門から東南アジアや台湾へ向かって、

福建省

多くの中国人が移住したのも明清時代だった。

近代（19〜20世紀）

海に近い立地が注目され、厦門は重要性を増していき、清代には税関の設置と閉鎖が繰り返されていた。西欧は中国茶を欲し、厦門から積み出されたお茶は福建語の「ティー」という名前でイギリスなどで定着した。一方、茶の対価にアヘンを密輸したイギリスと清朝のあいだでアヘン戦争（1840〜42年）が勃発し、敗れた清朝は厦門、広州、福州、寧波、上海を開港することとなった（このとき香港島がイギリスに

Xia Men | 城市のうつりかわり

割譲されている)。西欧の共同租界が厦門島対岸の鼓浪嶼(コロンス島)におかれ、鼓浪嶼には欧風建築がならぶ美しい街並みがあらわれた。一方、厦門島では、1912年の中華民国成立以後、厦門旧城の城壁がとりはらわれるなど、騎楼がならぶ街区整備が進められた(1912年、思明県と称したこともあったが、1933年に厦門になった)。また日清戦争(1894〜95年)で台湾を獲得した日本にとって対岸の厦門は、中国大陸への足がかりとなり、三井物産や大阪商船などの企業はじめ、多くの日本人が進出した。日中戦争開戦後の1938年、日本は厦門を占領している。

福建省

現代（20世紀〜）

1945年、日中戦争（第2次世界大戦）が終わり、国共内戦で敗れた蒋介石の国民党は、1949年、厦門対岸の台湾へ逃れた。以降、厦門に隣接する金門島を、台湾が実効支配していることもあり、厦門は共産党（中国大陸）と国民党（台湾）の勢力のぶつかる最前線となり、いくども砲撃戦が交わされた。こうしたなか、1978年に鄧小平指導の改革開放がはじまると、厦門と台湾のあいだで通航、通信、通商の「小三通」が進められ、厦門に経済特区がおかれて台湾企業の誘致も進められた（広東省の深圳、汕頭、珠海とともに経済特区とな

▲左　軒先では南国のフルーツが売られていた。　▲右　洗練された街並みの厦門中心部

り、改革開放は華南からはじまった)。現在、厦門は美しい自然や欧風建築の見られる亜熱帯の島として、中国有数の観光地、生活水準の高さで知られるようになった。

Xia Men　城市のうつりかわり

参考文献

『厦门市志』(厦门市地方志編纂委員会編 / 方志出版社)

『厦门地志』(陈嘉平・张聪慧・方文图编 / 鷺江出版社)

『厦門』(宮川次郎 / 椿木義一)

『新厦門』(別所孝二 / 大阪毎日新聞社)

『中国福建省の厦門における港湾空間の形成過程に関する考察』(恩田重直 / 日本建築学会計画系論文集)

『厦門福建省の建築・都市文化　戸外にあふれだす人々の生活空間』(恩田重直 / 日本ナショナルトラスト)

『厦門に根を下ろした西洋風建築』(恩田重直 / アジア遊学)

『ぶらり旅福建省・アモイ市 コロンス島 世間から隔絶した南の楽園』(高原 / 人民中国)

『厦門の地方劇模様』(川島郁夫 / 中国俗文学研究)

『中国名勝旧跡事典』(中国国家文物事業管理局編 / ぺりかん社)

『世界大百科事典』(平凡社)

厦门文化信息网（中国語）http://www.xmculture.com/

厦門 BRT 路線図 http://machigotopub.com/pdf/xiamenbrt.pdf

厦門地下鉄路線図

http://machigotopub.com/pdf/xiamenmetro.pdf

厦門空港案内

http://machigotopub.com/pdf/xiamenairport.pdf

厦門 STAY（ホテル・レストラン情報）

http://machigotopub.com/pdf/xiamenstay.pdf

まちごとパブリッシングの旅行ガイド
Machigoto INDIA , Machigoto ASIA , Machigoto CHINA

【北インド - まちごとインド】

001 はじめての北インド
002 はじめてのデリー
003 オールド・デリー
004 ニュー・デリー
005 南デリー
012 アーグラ
013 ファテープル・シークリー
014 バラナシ
015 サールナート
022 カージュラホ
032 アムリトサル

【西インド - まちごとインド】

001 はじめてのラジャスタン
002 ジャイプル
003 ジョードプル
004 ジャイサルメール
005 ウダイプル
006 アジメール(プシュカル)
007 ビカネール
008 シェカワティ
011 はじめてのマハラシュトラ
012 ムンバイ
013 プネー
014 アウランガバード
015 エローラ
016 アジャンタ
021 はじめてのグジャラート
022 アーメダバード
023 ヴァドダラー(チャンパネール)
024 ブジ(カッチ地方)

【東インド - まちごとインド】

002 コルカタ
012 ブッダガヤ

【南インド - まちごとインド】

001 はじめてのタミルナードゥ
002 チェンナイ
003 カーンチプラム
004 マハーバリプラム
005 タンジャヴール
006 クンバコナムとカーヴェリー・デルタ
007 ティルチラパッリ
008 マドゥライ
009 ラーメシュワラム
010 カニャークマリ
021 はじめてのケーララ
022 ティルヴァナンタプラム
023 バックウォーター(コッラム〜アラップーザ)
024 コーチ(コーチン)
025 トリシュール

【ネパール - まちごとアジア】

001 はじめてのカトマンズ
002 カトマンズ
003 スワヤンブナート

004 パタン
005 バクタプル
006 ポカラ
007 ルンビニ
008 チトワン国立公園

【バングラデシュ - まちごとアジア】

001 はじめてのバングラデシュ
002 ダッカ
003 バゲルハット（クルナ）
004 シュンドルボン
005 プティア
006 モハスタン（ボグラ）
007 パハルプール

【パキスタン - まちごとアジア】

002 フンザ
003 ギルギット（KKH）
004 ラホール
005 ハラッパ
006 ムルタン

【イラン - まちごとアジア】

001 はじめてのイラン
002 テヘラン
003 イスファハン
004 シーラーズ
005 ペルセポリス
006 パサルガダエ（ナグシェ・ロスタム）
007 ヤズド
008 チョガ・ザンビル（アフヴァーズ）
009 タブリーズ

010 アルダビール

【北京 - まちごとチャイナ】

001 はじめての北京
002 故宮（天安門広場）
003 胡同と旧皇城
004 天壇と旧崇文区
005 瑠璃廠と旧宣武区
006 王府井と市街東部
007 北京動物園と市街西部
008 頤和園と西山
009 盧溝橋と周口店
010 万里の長城と明十三陵

【天津 - まちごとチャイナ】

001 はじめての天津
002 天津市街
003 浜海新区と市街南部
004 薊県と清東陵

【上海 - まちごとチャイナ】

001 はじめての上海
002 浦東新区
003 外灘と南京東路
004 淮海路と市街西部
005 虹口と市街北部
006 上海郊外（龍華・七宝・松江・嘉定）
007 水郷地帯（朱家角・周荘・同里・甪直）

【河北省 - まちごとチャイナ】

001 はじめての河北省
002 石家荘
003 秦皇島
004 承徳
005 張家口
006 保定
007 邯鄲

【江蘇省 - まちごとチャイナ】

001 はじめての江蘇省
002 はじめての蘇州
003 蘇州旧城
004 蘇州郊外と開発区
005 無錫
006 揚州
007 鎮江
008 はじめての南京
009 南京旧城
010 南京紫金山と下関
011 雨花台と南京郊外・開発区
012 徐州

【浙江省 - まちごとチャイナ】

001 はじめての浙江省
002 はじめての杭州
003 西湖と山林杭州
004 杭州旧城と開発区
005 紹興
006 はじめての寧波
007 寧波旧城
008 寧波郊外と開発区
009 普陀山
010 天台山
011 温州

【福建省 - まちごとチャイナ】

001 はじめての福建省
002 はじめての福州
003 福州旧城
004 福州郊外と開発区
005 武夷山
006 泉州
007 厦門
008 客家土楼

【広東省 - まちごとチャイナ】

001 はじめての広東省
002 はじめての広州
003 広州古城
004 天河と広州郊外
005 深圳（深セン）
006 東莞
007 開平（江門）
008 韶関
009 はじめての潮汕
010 潮州
011 汕頭

【遼寧省 - まちごとチャイナ】

001 はじめての遼寧省
002 はじめての大連
003 大連市街
004 旅順
005 金州新区

006 はじめての瀋陽
007 瀋陽故宮と旧市街
008 瀋陽駅と市街地
009 北陵と瀋陽郊外
010 撫順

【重慶 - まちごとチャイナ】

001 はじめての重慶
002 重慶市街
003 三峡下り（重慶〜宜昌）
004 大足

【香港 - まちごとチャイナ】

001 はじめての香港
002 中環と香港島北岸
003 上環と香港島南岸
004 尖沙咀と九龍市街
005 九龍城と九龍郊外
006 新界
007 ランタオ島と島嶼部

【マカオ - まちごとチャイナ】

001 はじめてのマカオ
002 セナド広場とマカオ中心部
003 媽閣廟とマカオ半島南部
004 東望洋山とマカオ半島北部
005 新口岸とタイパ・コロアン

【Juo-Mujin（電子書籍のみ）】

Juo-Mujin 香港縦横無尽
Juo-Mujin 北京縦横無尽
Juo-Mujin 上海縦横無尽

【自力旅游中国 Tabisuru CHINA】

001 バスに揺られて「自力で長城」
002 バスに揺られて「自力で石家荘」
003 バスに揺られて「自力で承徳」
004 船に揺られて「自力で普陀山」
005 バスに揺られて「自力で天台山」
006 バスに揺られて「自力で秦皇島」
007 バスに揺られて「自力で張家口」
008 バスに揺られて「自力で邯鄲」
009 バスに揺られて「自力で保定」
010 バスに揺られて「自力で清東陵」
011 バスに揺られて「自力で潮州」
012 バスに揺られて「自力で汕頭」
013 バスに揺られて「自力で温州」
014 バスに揺られて「自力で福州」
015 メトロに揺られて「自力で深圳」

【車輪はつばさ】
南インドのアイラヴァテシュワラ寺院には建築本体に車輪がついていて寺院に乗った神さまが人びとの想いを運ぶと言います。

・本書はオンデマンド印刷で作成されています。
・本書の内容に関するご意見、お問い合わせは、発行元の
　まちごとパブリッシング info@machigotopub.com までお願いします。

まちごとチャイナ
福建省007廈門
〜ヤシの木揺れる「海上の美都」［モノクロノートブック版］

2017年11月14日　発行

著　者	「アジア城市（まち）案内」制作委員会
発行者	赤松　耕次
発行所	まちごとパブリッシング株式会社 〒181-0013　東京都三鷹市下連雀4-4-36 URL http://www.machigotopub.com/
発売元	株式会社デジタルパブリッシングサービス 〒162-0812　東京都新宿区西五軒町11-13 清水ビル3F
印刷・製本	株式会社デジタルパブリッシングサービス URL http://www.d-pub.co.jp/

MP152

ISBN978-4-86143-286-6 C0326　　　Printed in Japan
本書の無断複製複写（コピー）は、著作権法上での例外を除き、禁じられています。